Horst Petri

Jugend auf der Suche

HERDER spektrum
Band 5713

Das Buch

Jugendliche sind auf der Suche – nicht nur nach sich selbst, sondern auch nach Werten, nach Verlässlichkeit, nach Gemeinschaft. So die Feststellung von Horst Petri. Und Jugendliche haben es heute schwer. Petri fordert uns auf, genauer hinzusehen: In welcher Gesellschaft wachsen Jugendliche heute auf? Welche Gestaltungsspielräume stehen ihnen offen? Unter welchen Bedingungen können – und müssen – sie erwachsen werden und in die Arbeitswelt einsteigen? Einerseits wird von ihnen Bindungsfähigkeit, Toleranz und Einfühlungsvermögen gefordert: soziale Werte, die eine Gesellschaft selbstverständlich erwarten muss. Andererseits werden Werte wie Flexibilität, Kreativität, Mobilität, Risikobereitschaft und Spontaneität von der Wirtschaft verlangt – der alles durchdringenden und bestimmenden Lebenswirklichkeit. Viele Jugendliche passen sich entsprechend an und sind erfolgreich. Andere können nicht mithalten, versuchen an den „Rändern" der Leistungsgesellschaft zu überleben – oder gehen unter. Doch hinter solchen Bildern steht eine überraschend andere Wirklichkeit: Jugendliche haben Werte, die für unsere moderne Gesellschaft wichtig sind. Sie wollen sich einsetzen, sie wollen gestalten – wenn man sie denn lässt. Dieses Potential wird viel zu wenig genutzt. Das provozierende Buch eines Autors, der sich über Jahrzehnte mit diesen Themenbereichen auseinandergesetzt hat.

Der Autor

Professor Dr. med. Horst Petri, geb. 1936, Arzt für Neurologie und Psychiatrie sowie Kinder- und Jugendpsychiatrie. Er lehrte bis 2001 Psychotherapie und Psychosomatik an der FU Berlin. Auszeichnung mit dem Hans-Czermak-Preis der Stadt Wien für „sein Gesamtwerk für eine gewaltfreie Erziehung". Psychoanalytiker in eigener Praxis in Berlin. Zahlreiche in mehrere Sprachen übersetze Bücher.

Horst Petri

Jugend auf der Suche

Welche Werte die Gesellschaft Jugendlichen vorenthält

HERDER

FREIBURG · BASEL · WIEN

Gedruckt auf umweltfreundlichem,
chlorfrei gebleichtem Papier

Überarbeitete Neuausgabe des Titels
„Der Verrat an der jungen Generation.
Welche Werte die Gesellschaft Jugendlichen vorenthält"
www.herder.de
Satz: Dtp-Satzservice Peter Huber, Freiburg
Herstellung: fgb · freiburger graphische betriebe 2006
www.fgb.de
Umschlaggestaltung und Konzeption:
R·M·E München/Roland Eschlbeck, Liana Tuchel
Umschlagfoto: © Getty Images
ISBN-13: 978-3-451-05713-7
ISBN-10: 3-451-05713-1

Inhalt

Vorwort zur Neuausgabe

Die überarbeitete und aktualisierte Ausgabe des 2002 erschienenen Buches „Der Verrat an der jungen Generation" trägt einen veränderten Titel. Der Begriff „Verrat" erwies sich für das Empfinden der Öffentlichkeit als starke Zumutung. Aber wie berechtigt der Tabubruch war, wird durch die gesellschaftliche Weiterentwicklung der letzten Jahre deutlich belegt. Trotz vieler Reformbemühungen hat sich unter dem Druck wirtschaftlicher, sozialer und geopolitischer Veränderungen die Situation von großen Teilen der jungen Generation eher verschlechtert. Damit wachsen die Gefahren für ihre Wertorientierungen und Zukunftschancen weiter an.

Auch wenn der neue Titel des Buches eine Konzession an die in der Öffentlichkeit bestehenden Ängste vor den Folgen einer zunehmenden Destabilisierung jugendlicher Lebensentwürfe enthält, dürfen Meinungen nicht verstummen, die den Wertewandel einer zerrissenen Zeit kritisch begleiten.

Deshalb bin ich dem Verlag dankbar, dass er mit dieser Neuausgabe solche Bemühungen im Interesse der nachwachsenden Generationen weiter unterstützt.

Berlin, im Herbst 2005 Horst Petri

Einleitung

Die auf den „höheren Ebenen" von Politik, Wirtschaft und Kultur seit einiger Zeit geführte Wertedebatte stößt in der Öffentlichkeit auf relativ wenig Resonanz. Denn sie ist in der Regel zu abstrakt, von den konkreten Lebensbedingungen abgekoppelt und bleibt damit letztlich folgenlos. Verinnerlichte Werte als Kern unserer Persönlichkeit und unseres Charakters stehen jedoch in enger Beziehung zu unserer Wirklichkeit. Sie können unsere Haltungen, unsere Moralität und unsere persönliche Integrität nur positiv formen, wenn die Verhältnisse in den zwischenmenschlichen Beziehungen und sozialen Entfaltungsmöglichkeiten entsprechend gut sind.

Unter dieser Perspektive erweist sich der viel diskutierte Wertewandel als Produkt eines tiefgreifend veränderten Lebenswandels in der Postmoderne. Tatsächlich hat sich die Welt zum 21. Jahrhundert hin so fundamental gewandelt, dass sich durch die Umbrüche der Zeit grundlegende Prinzipien des Zusammenlebens in der Gemeinschaft aufzulösen beginnen. Die junge Generation ist bei ihrer Suche nach Orientierung und Identität durch den Zeitbruch am stärksten gefährdet.

Genau in den Tagen, in denen ich nach Abschluss des Buches die Einleitung schreiben will, scheinen sich die Ahnungen auf eine geradezu unfassbare Weise zu erfüllen, die ich während der Arbeit an dem Manuskript hatte. Am Morgen des 26. April 2002 bricht der 19-jährige Oberschüler Robert Steinhäuser zu einem unvorstellbaren Rachefeldzug auf und tötet in einem eiskalt geplanten Amoklauf in seiner Schule, dem Gutenberg-Gymnasium in Erfurt, zwölf Lehrerinnen und Lehrer, eine Sekretärin, zwei Schüler, einen Polizisten und anschließend sich selbst. Trauer und Entsetzen über diese einzigartige Tragödie hat die Nation erschüttert. Aber noch während die Blumenberge frisch waren und die Gefühle in Aufruhr, begann eine heftige Sachdebatte über die Konsequenzen: Schutz- und Überwachungsmaßnahmen in Schulen, Verschärfung des Waffengesetzes, Verbot von Gewaltfilmen und Videos, Verbesserung der pädagogischen Fähigkeiten von Lehrern. Manche dieser Maßnahmen, soweit sie überhaupt durchsetzbar sind, mögen sinnvoll sein. In der Medizin und Psychologie bezeichnet man es jedoch als Kurieren von Symptomen, wenn Ursachen weder erkannt noch behandelt werden. Die Ursachen liegen bekanntlich tiefer und erfordern einen schärferen Blick auf die psychologischen und gesellschaftlichen Zusammenhänge, die im Extremfall zu solchen Katastrophen führen können.

Dieses Buch will die Zusammenhänge beim Scheitern jugendlicher Zukunftsentwürfe genauer ausloten.

Es wird zu zeigen sein, warum nicht einzelne Facetten der Realität das Gefährdungspotential produzieren. Dies sind zum Beispiel der Umbau der Familie, die Verherrlichung der Gewalt, mangelnde Bildung oder Arbeitslosigkeit. Es ist aber das Ganze der gesellschaftlichen Umstrukturierung, das sich zu einer unheimlichen Bedrohung zusammenbraut. Dabei zeichnet sich ein besonders markanter Trend ab: Die veränderten Verhältnisse in Familie, Politik, Wirtschaft und Kultur verfolgen immer weniger das für jede Gemeinschaft grundlegende Prinzip der Gerechtigkeit. Dadurch driftet die Kluft zwischen Gewinnern und Verlierern rapide auseinander.

Der vielfältige Wertekanon der Jugend spiegelt eine Welt wider, in der ihre Zukunftsoptionen ins Leere laufen. Auf diese Weise werden die jungen Menschen von einer Gesellschaft verraten, in die sie als verantwortliche Bürger hineinwachsen sollen. Die Wertvorstellungen von Jugendlichen sind das Spiegelbild unserer Zeit und damit brauchbare Indikatoren für eine allgemeine Zeitdiagnose. Und diese zeigt: das Ausmaß dessen, was die Gesellschaft der jungen Generation an Entwicklungsmöglichkeiten schuldig bleibt, nimmt dramatisch zu. Wer, so stellt sich die entscheidende Frage, wird sie auffangen, wenn sie in das „Zukunftsloch" stürzt?

Einer, der den Sturz nicht überlebt hat und in mörderischer Selbstaggression sechzehn Menschen mit in den Untergang riss, war der Amokläufer von Erfurt, Robert Steinhäuser. Auch wenn wir wenig über die Hintergründe seiner Gewaltbesessenheit wissen, lässt sich sein Schicksal als Fanal verstehen. Es hat, unabhängig von aller individuellen Psychopathologie, der Gesellschaft den unauslöschlichen Stempel des Werteverrats aufgedrückt. Ein Transparent, das bei einer Demonstration am 8. Mai 2002 in Erfurt mitgeführt wurde, an der 3000 Schülerinnen und Schüler teilnahmen, bringt es auf den Punkt: „Wir sind die Zukunft der Welt – ist euch die Welt egal?" Wer so fragt, fordert keine kosmetischen Korrekturen, sondern eine radikale Neuorientierung in den Werten und konkreten Gestaltungsformen der Gesellschaft.

Davon handeln die zehn Kapitel des Buches. Zunächst wird ein notwendiger Überblick über die wichtigsten Inhalte der aktuellen Wertedebatte und über die wissenschaftlich erforschten Wertvorstellungen der Jugend gegeben. Anschließend geht es darum, wie sich entwicklungspsychologisch in Kindheit und Jugend Werte als tragende Bestandteile einer autonomen Persönlichkeit etablieren. Ein zentrales Kapitel begründet den Werteverrat durch Deregulierungsprozesse in den für die jugendliche Entwicklung entscheidenden Gesellschaftsbereichen. In den nächsten zwei Kapiteln werden die sozialpsychologischen Ursachen des Werteverrats untersucht: die psychische Dimension der Gleichgültigkeit in der postmodernen Gesellschaft und der Übergang von Individualismus zum Narzissmus unserer Zeitepoche. Danach geht es konsequenterweise um die seelischen und psychosozialen Folgen des Werteverrats. Überlegungen zum Wertegewinn, den die Jugend aus dem Wandel ziehen kann, und Perspektiven für eine Neuorientierung in der Familie, in der Beziehung der Geschlechter und Generationen und in der Verwirklichung globaler Gerechtigkeitsvorstellungen bilden den Abschluss. Sie sollen deutlich machen, dass das Buch keine Schreckensszenarien entwickeln will, sondern von der Hoffnung getragen ist, dass jede Kulturkritik einen Beitrag zu konstruktiven Lösungen leisten kann.

Zu erwähnen bleibt die Tatsache, dass die Daten aller im Buch beschriebenen Patienten in einer für Dritte nicht identifizierbaren Weise anonymisiert wurden.

Abschließend gebührt mein besonderer Dank meiner Lektorin, Frau Dr. Karin Walter, für ihre kritischen Anregungen und die engagierte Unterstützung des Projekts.

Berlin, im Frühjahr 2002 Horst Petri

I. Worum es in der Wertedebatte geht

In allen größeren Lexika kann man leicht nachschlagen, wer den Buchdruck, die Dampfmaschine, das Pulver, den Telegraphen und andere wundersame Dinge erfunden hat, die jeweils zu ihrer Zeit das Bild von der Welt grundlegend verändert haben und die Zukunft neu gestalteten. Es bedürfte jedoch langer Archivarbeit, um die Glaubenskämpfe und Meinungsstreits, das Pro und das Kontra zu rekonstruieren, die seit jeher mit jeder revolutionären Entdeckung verbunden waren, da sie eine Neuformulierung bis dahin eherner Gesetze notwendig machte. Wertekonservatismus und Wertewandel gehören als rivalisierende Geschwister eng zusammen, wahrscheinlich schon seit der Erfindung des Rades, bestimmt, seit das Verhältnis von Sonne und Erde oder die Abstammung des Menschen aus dem Tierreich geklärt wurden.

Die Wertedebatte, deren Zeugen wir heute, am Beginn des 21. Jahrhunderts, sind, ist daher nur in dem Sinne „neu", dass in ihr andere Inhalte verhandelt werden. Ihre Heftigkeit weist auf ähnlich tief greifende Veränderungen unserer Welt hin, auf einen Epochenwechsel, wie er auch in früheren Zeiten von den großen Entdeckungen der Menschheit eingeleitet wurde. Allerdings geht es heute nicht mehr nur um einzelne „Teufelswerke", wie die Erfindung des Autos, der Eisenbahn oder der Atombombe. Die rasanten Fortschritte des letzten Jahrhunderts in Wissenschaft und Technik haben zu einer Komplexität der individuellen und gesellschaftlichen Realität geführt, die nicht nur vom Wandel einzelner Werte, sondern von einer ganzen, veränderten, Wertepalette begleitet wird.

Werte, Wertewandel, Werteverlust und Wertegewinn in der Jugend lassen sich erst auf dem Hintergrund der Transformationen verstehen, die die gesamte Gesellschaft erfasst haben. Zur besseren Übersicht sollen sieben thematische Schwerpunkte skizziert werden, die als Problemfelder in der Wertediskussion eine wichtige Rolle spielen, da sie für sich allein oder in wechselseitiger Durchdringung den bisher gültigen Wertekanon dramatisch verschieben.

1. Das Verhältnis zwischen den Geschlechtern

Wenn man sich die Jahrtausende alte Geschichte des Patriarchats vergegenwärtigt, stellen die Veränderungen im Verhältnis der Geschlechter im Zeitraum eines knappen halben Jahrhunderts einen Wertewandel von unerwarteter Tragweite dar. Die Einführung der Antibabypille ab 1960, die Bildungsreformen seit Beginn der 70er Jahre, die Novellierung des Gleichberechtigungsgesetzes im Familienrecht Mitte der 70er Jahre und das Gesetz zur Gleichbehandlung von Männern und Frauen am Arbeitsplatz von 1980 stellten die wichtigsten Weichen für die Emanzipation der Frauenbewegung. Ihre Erfolge sind außerdem auf dem Hintergrund eines allgemein gewachsenen Demokratiebewusstseins seit der „Studentenrevolte" von 1968 zu sehen. Seitdem haben sich das Bild der Frau, ihre Stellung in Familie und Gesellschaft und ihr Verhältnis zum anderen Geschlecht grundlegend umstrukturiert. Die Befreiung vom Joch der ungewollten Schwangerschaft war der Beginn der „sexuellen Revolution"; der freie Zugang zu Bildungschancen hat heute mehr Frauen als Männer zur Hochschulreife befähigt; die zunehmende Berufstätigkeit der Frauen sicherte vielen eine höhere ökonomische Unabhängigkeit. Auf diesen Eckpfeilern ruhen ihr heutiges Selbstbewusstsein und ihre neu gewonnene Identität.

Die genannten Fortschritte haben einen Wertewandel eingeleitet, in dessen Rahmen die tradierten Rollenzuschreibungen für Frauen wie Männer weitgehend umdefiniert wurden. Insofern spiegelt das Beben, das die Frauenbewegung in vielen Bereichen der Gesellschaft ausgelöst hat, einen fundamentalen Wertediskurs über das Verhältnis der Geschlechter wider. Dabei geht es um nicht weniger als um gleiche Rechte, gleiche Pflichten, gleiche Verantwortung und gleiche Freiheiten, mithin um die Chance zu gleicher Selbstverwirklichung. Im Zentrum der neuen Geschlechterphilosophie, wie sie die amerikanische Psychoanalytikerin Jessica Benjamin in ihrem Grundlagenwerk über das Geschlechterverhältnis mit dem Titel *Fesseln der Liebe* beschrieben hat, steht neben der Gleichberechtigung der Frauen vor allem die moralische Forderung nach der Gleichwertigkeit beider Geschlechter.

Bei aller Anerkennung der Differenz zwischen Frauen und Männern drückt die Forderung nach ihrer Gleichwertigkeit als Menschen den Kampf um Gerechtigkeit aus, Grundwert jeder sozialen Gemeinschaft und Hauptziel aller politischen Befreiungsbewegungen.

In der Realität sind diese Ziele längst nicht erreicht. Selbst das Prinzip der Gleichberechtigung der Frauen setzt sich oft nur mühsam gegen den Wertekonservatismus der Männerwelt durch. Ob die Auseinandersetzung der Geschlechter über die Grundsätze von Gleichwertigkeit und Gerechtigkeit jemals in eine echte Geschlechterdemokratie münden wird, steht dahin. Derzeit erleben wir die ganze Ambivalenz von Licht und Schatten, wie sie mit jeder Umwälzung tradierter Werte verbunden ist.

Bezogen auf die Jugend schlagen sich die mit dem Wertewandel verbundenen Verwerfungen im Geschlechterverhältnis am nachhaltigsten im Umbau der Familie nieder. Die dadurch ausgelösten Werteverschiebungen und ihre Folgen für das Wertegefüge der nachwachsenden Generation werden wir genauer betrachten müssen, wenn von ihr die Rede ist.

2. Die Frage nach der eigenen biologischen Herkunft

Als 1978 in England und vier Jahre später in Deutschland die ersten Retortenbabys das Licht der Welt erblickten, verblassten die alten Schöpfungsmythen im grellen Licht der wissenschaftlichen Labors der Neuzeit. Zum ersten Mal war es gelungen, außerhalb des weiblichen Körpers ein Ei künstlich mit männlichem Samen zu befruchten und den Keim in die Gebärmutter einzunisten.

Mit der wachsenden Zahl unfruchtbarer Männer zum einen und dem veränderten Rollenverständnis der Frau als allein erziehende Mutter zum anderen wuchs die Nachfrage nach dieser Form des Schwangerwerdens in der Folgezeit sprunghaft an. Nach Schätzungen wachsen heute in Amerika und Europa bereits Millionen von Retortenkindern auf, von denen eine große Zahl über ihre biologische Herkunft von unbekannten Erzeugern nie etwas erfahren wird. Aber dieser fundamentale Bruch in der Abstammungsethik, dessen seelische Folgen für alle Beteiligten bis heute weitgehend unklar sind, war erst der Anfang.

Was lag für die Forschung näher, als mit den überzähligen Embryonen, die bei dem Verfahren anfallen, und deren Zahl allein für Frankreich jährlich mit 68 000 angegeben wird, in verschiedene Richtungen zu experimentieren? Hier beginnt die Science-Fiction-Welt in Film, Kunst und Literatur, zuletzt dargestellt in Michel Houellebecqs beklemmendem Roman *Elementarteilchen*. Jenseits dieser meist alptraumhaften Phantasien fällt das epochale Ereignis in das Jahr 2000. In ihm gelang die weitgehende Entschlüsselung des menschlichen Genoms, das die Summe aller in den Genen gespeicherten Erbsubstanz enthält. Das erste Jahr des neuen Jahrhunderts läutete mit dieser Entdeckung das eigentliche gentechnische Zeitalter ein.

Der wissenschaftliche Sprung löste auf nationaler und internationaler Ebene eine Ethikdebatte über die Grenzen der Forschung in Bezug auf die „Würde des Menschen" aus, wie sie in ähnlich scharfer Form und über alle Gesellschaftsgruppen verteilt bisher wohl über kaum ein anderes Thema geführt wurde. Ein prominentes Beispiel ist der öffentliche Streit über die Positionen des Philosophen Peter Sloterdijk, die sich in der Befürwortung des gentechnisch Machbaren dem Verdacht, so die Kritik seiner Gegner, präfaschistischer Wertetheorien aussetzen.[1]

Abgesehen von dem bereits existierenden „Gentechnikgesetz" und dem „Embryonenschutzgesetz" berief die Bundesregierung eine Enquêtekommission „Recht und Ethik der modernen Medizin", richtete im Jahr 2001 einen „Nationalen Ethikrat" ein und diskutierte am 31. Mai 2001 im Bundestag über „Wert und Würde vorgeburtlichen Lebens". In dieser Debatte, von den einen als eine der wichtigsten in der Geschichte des Deutschen Bundestages, von anderen als Kosmetik zur Beruhigung der Gemüter eingeschätzt, ging es konkret um die zwei neuesten Richtungen der Gentechnik, um die Präimplantationsdiagnostik und um die Forschung an embryonalen Stammzellen. Von beiden Verfahren versprechen sich Genforscher und Mediziner in den nächsten Jahrzehnten entscheidende Fortschritte bei der frühzeitigen Erkennung angeborener Krankheiten und der Ersetzung oder Heilung schwer erkrankter Organsysteme.

Gegner der neuen Methoden befürchten eine unkontrollierbare Weiterentwicklung in Richtung auf das gezielte Klonen von Menschen und die Einführung eugenischer Selektionsprinzipien. Mit dem von vielen Politikern, auch von Frauen, angeführten Argument „Kein Mensch hat ein Recht auf ein gesundes Kind" sehen sie „den Wert und die Würde" des vorgeburtlichen Lebens bedroht. Dieses Argument wirkt wenig überzeugend, nachdem schon seit langem die vorgeburtliche Diagnostik von Erbschäden im Mutterleib und Schwangerschaftsabbrüche auch aus anderen Indikationen legalisiert wurden. Faktisch wird somit längst jeder Mutter das Recht auf ein gesundes Kind zugesprochen. Dagegen sind die Befürchtungen der Gegner solcher Stammzellforschung im Hinblick auf einen vollständig technisch hergestellten, außerhalb des Mutterleibs geklonten Menschen nicht so leicht von der Hand zu weisen. Dieser könnte, so eine Sorge, durch beliebige genetische Kodierung unter Zugabe von Wachstumshormonen zu einem ausschließlich vernunftbegabten, aller Individualität und Leidenschaft beraubten Wesen manipuliert werden, womit ein Wunschtraum vieler Philosophen von Platon über die Brüder Julian und Aldous Huxley bis zu Peter Sloterdijk erfüllt würde; er kann aber auch zu einer Mischung aus Mensch und Maschine mutieren, zu einem entseelten und gleichgeschalteten Homunkulus der postmaterialistischen Neuzeit, der sich als ideales Befehlswerkzeug eignet, vom bedingungslosen Helfer bei allen Formen von Katastrophen bis zur erbarmungslosen Tötungsbestie.

Die Befürworter der modernen Biotechnologie setzen sich über solche Bedenken hinweg. Sie machen keinen Hehl daraus, dass künftige Gesetze neben gesundheitlich-medizinischen Überlegungen auch Fragen wissenschaftlicher Macht, internationaler Konkurrenzfähigkeit, Kapitalinteressen und Arbeitsplätze berücksichtigen müssen. Viele Politiker sehen in diesem Zusammenhang die „Würde des Menschen" in erster Linie im Zugang zum Erwerbsleben. Tatsächlich gehört die Genforschung zu den führenden Technologien der Zukunft, in ihr ist der „Wert des Lebens" Gold wert. Der Poker um Patente, die Verschiebung von embryonalem „Material" über nationale Grenzen, die Auslagerung der Forschung in liberalere Länder ist bereits in vollem Gange. Auch die Gegner wissen spätestens seit der Entdeckung der Spaltbarkeit des Atomkerns, dass wissenschaftlicher Fortschritt und industrielle Interessen durch keine Gesetze aufzuhalten sind. Unabhängig von der Frage ihrer moralischen Bewertung lässt sich beim heutigen Stand der Forschung nicht beantworten, wie weit die von ihnen entworfenen Szenarien und Ängste objektiv berechtigt sind. Eine realistische Einschätzung der Chancen der Gentechnik gegenüber ihren Risiken erscheint heute noch nicht möglich. Mit dieser Hypothek an Ungewissheit bleiben wir für die Zukunft belastet.

Zweifellos werfen die rasanten Fortschritte der Genetik Fragen der Genethik auf, die das Bild der menschlichen Schöpfung zentral berühren. Jenseits der biomedizinischen Innovationen im Bereich der Diagnostik und Heilung wird bei vielen unfruchtbaren Paaren das Bedürfnis nach einer genmanipulierten Optimierung ihrer „Wunschkinder" wachsen. Die Vorstellung von der Adoption eines künstlich erzeugten Babys und seiner freien Auswahl aus den Kaufhausregalen der Genlabors wird jedoch noch auf lange Zeit zu den Horrorbildern apokalyptischer Skeptiker gehören.

Die psychologisch aktuellste und brisanteste Tatsache scheint mir zur Zeit noch darin zu bestehen, dass schon in der Gegenwart und verstärkt in der Zukunft immer mehr Menschen ihr Leben einer künstlichen Befruchtung verdanken. Auch wenn die leibliche Mutter und keine Leihmutter das

Kind ausgetragen hat, ist für viele Betroffene eine tiefe Verunsicherung über ihre vollständige erbliche Herkunft zu vermuten, speziell dann, wenn der biologische Vater für immer unbekannt bleibt. Die Zweifel „Wer bin ich?", „Von wem stamme ich ab?", „Woher habe ich mein Aussehen, meine Intelligenz und meinen Charakter?" führen bei ihnen mit aller Wahrscheinlichkeit zu Brüchen im Identitätsgefühl, wie sie für Adoptivkinder charakteristisch sind. Wie für diese ihre Abstammung meist ein Geheimnis bleibt, wird auch die Tatsache der künstlichen Befruchtung oft als Geheimnis in der Familie gehütet. Familientabus von solcher Tragweite entfalten aber nach breiten familientherapeutischen Erfahrungen eine äußerst destruktive Wirkung auf das Beziehungsgefüge innerhalb der Familie und auf die Organisation des eigenen Selbstgefühls. Erst unter diesen Voraussetzungen erscheint es auch angebracht, von einer Verletzung der „Würde" durch die Eingriffsmöglichkeiten der Biotechnologie in die menschliche Natur zu sprechen. Möglicherweise liegt hier einer der tieferen Gründe für das kollektive Unbehagen an der Gentechnik und Reproduktionsmedizin.

3. Die Vergiftung unserer Umwelt

Lange bevor die Genforschung anfing, der Schöpfung Mensch ihre letzen Geheimnisse zu entreißen und ein neues Kapitel der Menschwerdung zu schreiben, hat sich die Technik der Schöpfung Natur in einer Weise bemächtigt, die uns heute um die Grundlagen unseres Überlebens fürchten lässt. Die Fakten sind hinreichend bekannt. Auch diese Entwicklung war in den letzten Jahrzehnten und ist bis heute von einer Wertedebatte begleitet, in der es nicht um die „Würde" des Menschen, sondern vordringlich um sein Grundrecht auf Überleben auf diesem Planeten geht.

Alle Menschenrechtsdeklarationen, internationalen Naturschutzvereinbarungen, Klimakonferenzen und G8-Gipfeltreffen, die dieses Grundrecht ausdrücklich oder implizit formulieren, provozieren dadurch, dass sie permanent scheitern, immer wieder die Frage, ob es ein solches Grundrecht überhaupt gibt. Damit ist ein Wertewandel benannt, der unsere Zivilisation in eine schwere Krise gestürzt hat.

Die Menschheit ist immer wieder von apokalyptischen Untergangsvisionen befallen worden, so, als habe es schon immer einen tief sitzenden Zweifel am Recht auf Leben und Zukunft gegeben. „Gott gibt, Gott nimmt." Dieser jahrtausendealte fatalistische Glaubensgrundsatz wurde erst erschüttert, als der Mensch sich selbst zum Schöpfer und Herrscher über die Natur aufwarf. Der Prometheus von heute steht vor einem gigantischen Zerstörungswerk, das vorherzusehen seinem rationalistischen Denken nicht möglich war. Für den modernen Menschen stellt die Arche Noah, aller biblischen Weisheit zum Trotz, keine Mahnung dar; vielmehr wurde sie für ihn zum Bild einer Menschheit, die letztlich aus jeder Katastrophe einen Ausweg finden würde.

Aber spätestens im Jahr 1992 wuchsen die Zweifel: In diesem Jahr fand in Rio de Janeiro die bis dahin größte Umweltkonferenz der UNO statt, zu der 15 000 Vertreter aus 178 Staaten angereist waren. Ein Kernsatz ihres Handlungsprogramms für das 21. Jahrhundert, die „Agenda 21", lautet: „Menschen stehen im Zentrum des Interesses für eine nachhaltige Entwicklung (sustainable development). Sie haben das Recht auf ein gesundes und produktives Leben im Einklang mit der Natur."[2]

Der Philosoph Hans Jonas hat in seinem Hauptwerk *Das Prinzip Verantwortung* das selbstverständlich unterstellte Recht auf Leben um „unsere Grundpflicht gegenüber der Zukunft der Menschheit, von der alle Pflichten gegen die künftigen Menschen sich erst ableiten", erweitert. Aus dieser „Priorität der Pflicht zum Dasein" folgt für Jonas der „erste Imperativ: dass eine Menschheit sei". Dabei entstammt die „Frage unserer Verantwortung für das Dasein einer künftigen Menschheit" einer ontologischen Idee, „die sagt, dass eine solche Anwesenheit sein soll, also gehütet werden soll, sie also uns, die wir sie gefährden können, zur Pflicht macht".[3]

Jenseits aller politischen und philosophischen Bekenntnisse und Argumente zu den Rechten des Menschen und seiner Pflicht, sein Überleben und vor allem das aller nachwachsenden Generationen zu sichern, schaffen technischer Fortschritt und industrielles Wachstum weltweit und ungebremst alarmierende Tatsachen, die diese Werte weiter aushebeln und aller „Zukunftsethik" Hohn sprechen. Dass die Biosphäre als Grundlage unserer Existenz zur Disposition gestellt wird, bedeutet keinen Wertewandel mehr, sondern einen Werteverlust, der in seiner Endgültigkeit schon bald jeden Diskurs über den Wert des Lebens für immer beenden könnte.

4. Der Wert der Arbeit

Der fortschreitende Wandel der Arbeitswelt durch die neuen Technologien der letzten drei bis vier Jahrzehnte bringt die breite Diskussion über den Wert der Arbeit in eine bedenkliche Schieflage. Wie wir sehen werden, ist die Jugend davon elementar betroffen.

Der Diskurs über den Wert „menschlicher Arbeitskraft", so kontrovers er in vergangenen Epochen auch geführt wurde, von Platon über John Locke, Adam Smith, Karl Marx bis zu Hannah Arendt und Oskar Negt, erscheint in einer Zeit als philosophischer und sozialwissenschaftlicher

Luxus, in der es in einer fundamentalen Neuformulierung nicht mehr in erster Linie um das „Wie" der Arbeit, sondern um das „Ob" geht. Begriffe und Unterscheidungen wie „Sklavenarbeit", „Kopf- und Handarbeit", „niedere", „höhere", „entfremdete", „sinnstiftende" oder „selbstbestimmte" Arbeit werden angesichts der Modalitäten des Arbeitsmarktes zunehmend relativiert zugunsten der kategorischen Unterscheidung zwischen „berufstätig" und „arbeitslos". Damit hat die Wertedimension der Arbeit eine radikale Umdeutung erfahren.

Arbeit repräsentiert wie keine andere menschliche Tätigkeit die Einheit von materiellen und ideellen Werten. Auf der materiellen Ebene garantiert sie die Sicherung des eigenen Lebens und das der Familie durch den Erwerb von Nahrungsmitteln und Gütern. Ihr ideeller Wert ist psychologisch begründet. Arbeit, in welcher Form auch immer, schafft das Selbstbewusstsein, zum Aufbau eines ausreichenden Lebensstandards aus eigenen Kräften in der Lage zu sein. Diese Fähigkeit ist mit dem grundlegenden Gefühl des eigenen Selbst-Wertes und der Identität verbunden. Viele psychologische und sozialwissenschaftliche Untersuchungen liefern den erdrückenden Beweis für die verheerenden psychischen und sozialen Folgen eines Arbeitsverlustes, auch wenn die materielle Existenzgrundlage weiter gesichert ist. Arbeitslosigkeit produziert seelisches Leiden, psychosomatische Erkrankungen, Süchte und unsoziales Verhalten. Besonders für Männer geht mit dem Verlust der Arbeit ein Teil ihrer Selbstachtung verloren. Gefühle des Scheiterns und Versagens führen zu unauflösbaren Krisen und zu Störungen bei der Regulation des inneren Gleichgewichts.

Ein Leben ohne Arbeit lässt die von allen politischen Parteien in ihren Programmen formulierten Grundwerte von Gerechtigkeit, Freiheit und Solidarität zu Makulatur verkommen. Damit verflüchtigt sich auch der am höchsten stehende und am meisten missbrauchte Wert der „menschlichen Würde".

Im Unterschied zu früheren Zeitabschnitten, in denen Wirtschaftskrisen und konjunkturelle Schwächen zu erhöhter, aber meist befristeter und begrenzter Arbeitslosigkeit führten, hat die heutige Technik die zu leistende Arbeit in einem solchen Ausmaß an sich gerissen, dass der Verteilungskampf zwischen technischer und menschlicher Arbeitskraft immer endgültiger zugunsten Ersterer entschieden zu werden droht. Die Massenentlassungen in allen Industriezweigen, bei der öffentlichen Verwaltung, im Gesundheitswesen, im Banken- und Versicherungsgewerbe, im Dienstleistungssektor und anderen Bereichen scheinen erst der Anfang einer Revolution der Arbeitswelt zu sein, die menschliche Arbeitskraft tendenziell überflüssig macht. Jeder Informierte weiß, dass die seit Jahren zwar hohe, aber relativ konstante Arbeitslosenquote nur durch massive Manipulationen auf diesem Niveau gehalten werden kann. Verkürzte Arbeitszeiten, steigende Teilzeitarbeit, vorzeitige Berentungen und Pensionierungen, eine wachsende Zahl von Berufs- und Erwerbsunfähigkeitsrentnern und die staatlich finanzierten Arbeitsbeschaffungsmaßnahmen und Ausbildungsförderungen besonders für Jugendliche sind Mittel, mit denen zur Beruhigung der Öffentlichkeit das wahre Ausmaß der Arbeitslosigkeit in der Bevölkerung verschleiert werden soll.

Die Arbeitsgesellschaft wird immer entschlossener zur „Konsum- und Freizeitgesellschaft" transformiert. Diese euphemistischen Begriffe verschleiern den Widerspruch, in den die Industrienationen geraten sind: Durch die technischen Innovationen explodiert die Produktion von Waren, die von immer weniger Menschen verbraucht werden können. Während dennoch von der Politik das Wirtschaftswachstum zum nahezu ausschließlichen Garanten für die

Durchsetzung menschlicher Grundrechte proklamiert wird, verschweigt sie, dass dieses Wachstum nur durch die Entrechtung eines wachsenden Teils der Bevölkerung durch ihren Arbeitsplatzverlust zustande kommt. Für die Zukunft werden also die Kategorien „berufstätig" bzw. „arbeitslos" immer stärker die Grenze markieren zwischen solchen, denen ihre Grundrechte garantiert sind, und den anderen, denen sie vorenthalten bleiben.

So einfach und so erschreckend fällt die Bilanz aus, die eine ehrliche Wertedebatte über den Wandel der Arbeitswelt ziehen müsste. Die in der Bevölkerung grassierende Angst vor Arbeitslosigkeit ist in dieser Krise ein Signal für die Halbherzigkeit aller Konjunkturprogramme zur Belebung des Arbeitsmarktes. Das von der Bundesregierung gegründete „Bündnis für Arbeit" zwischen Industrie, Gewerkschaften und Politik ist mit seinen bisherigen Bemühungen offenbar weitgehend gescheitert. Ein Grund hierfür liegt in dem weltweiten wirtschaftlichen Abschwung seit Ende 2000, dem Millionen von Arbeitsplätzen zum Opfer fielen. Geht durch die Technisierung der Welt dem Menschen weiter die Arbeit aus, oder schaffen die Globalisierung der Märkte, die anstehende Lösung globaler Problemlagen und die notwendige ökologische Erneuerung weltweit neue Arbeitsfelder, die uns dem Ziel einer gerechteren Verteilung von Arbeit näher bringen? In dieser Frage liegt eine der gewaltigsten Herausforderungen, die das 21. Jahrhundert zu bestehen hat.

5. Der Verlust sozialer Sicherheiten

Die tektonischen Verschiebungen im Arbeitssektor erschüttern zwangsläufig die sozialstaatlichen Prinzipien unserer Gesellschaft. Damit müssen lang erkämpfte Bürgerrechte auf ihre Grenzen hin überprüft werden. Davon zeugt die hart entbrannte Debatte zwischen den politischen Parteien über den notwendigen Umbau des Sozialstaates und die damit gebotene Neuorientierung in der Wertepyramide.

Einen Grundpfeiler sozialer Gerechtigkeit bildete bisher das gesetzlich garantierte Recht auf angemessene Finanzmittel zur Sicherung der notwendigen Lebensbedürfnisse. Ob die Mittel durch eigenes Einkommen erwirtschaftet oder durch den Staat gewährt wurden – jedenfalls waren sie in aller Regel mit den Leistungen der Krankenversicherung und der Altersversorgung gekoppelt. In dieser Trias von finanzieller Grundausstattung, Krankenversicherung und Altersversorgung erfüllte der Sozialstaat das Gerechtigkeitsprinzip auch für die Schwachen der Gesellschaft und kam damit seiner moralischen Verantwortung nach, die „Würde des Menschen" zu achten und zu schützen.

Eine notwendige Voraussetzung dafür war die Umverteilung von Besitz durch eine entsprechende Steuerpolitik des Staates. Diese bewährten sozialstaatlichen Grundsätze geraten nun zu Beginn des 21. Jahrhunderts ins Trudeln. Durch die scharfen Einschnitte im Arbeitsmarkt und die steuerbegünstigte Expansion der Großkonzerne und ihrer Aktionäre klafft die Schere zwischen Reich und Arm immer weiter auseinander. Die „Zweidrittelgesellschaft", die ein Drittel der Bevölkerung an die Armutsgrenze treibt, hat die Sozialausgaben und gleichzeitig die Staatsverschuldung explodieren lassen. Heute ist allen klar, dass der Sozialstaat an seine Grenzen geraten ist und dass grundlegende strukturelle Veränderungen notwendig wären, um das Prinzip der sozialen Gerechtigkeit zu erhalten.

Noch wird dieses Prinzip von allen politischen Parteien lautstark vertreten, während über das Wie seiner Erhaltung heftig gestritten wird. Der Angelpunkt des Streites ist die Frage, wie sozial der Staat weiterhin bleiben muss und welche Eigenverantwortung er vom Bürger einfordern kann.

Die Diskussionen über die Arbeitsmarktlage, die Rentenreform und die Neuregelungen in der Krankenversicherung und im Gesundheitswesen gehören eng zusammen, weil sie die Grundprinzipien des Sozialstaates unmittelbar berühren. Es ist durchaus einsichtig, dass der Staat angesichts der eingetretenen Lage seine Verpflichtungen besonders im Bereich sozialer Leistungen überprüft, bei denen es, verführt durch Konsum-, Wohlstands- und Versorgungsdenken, zu einem unverantwortlichen Missbrauch gekommen ist. Insofern bedeuten viele bereits eingeleitete oder geplante Einschränkungen im sozialen Leistungskatalog einen Wertezuwachs, indem die Delegation der Eigenverantwortung an den Staat begrenzt und diese an den Bürger zurückgegeben wird. Dies dürfte auch für nicht geringe Teile der Jugend sinnvoll und notwendig sein, die, an vielen erwachsenen Vorbildern geschult, an die Stelle der Eigenverantwortung Ansprüche an den Staat als lebenslange Versorgungseinrichtung gesetzt haben.

Wo also ist der Abbau sozialer Leistungen gerecht und wo läuft er Gefahr, sozialstaatliche Prinzipien schrittweise auszuhöhlen? Es wird schwer sein, eine Lösung zwischen diesen Polen zu finden, solange die unbefriedigende Arbeitsmarktlage einen bestimmenden Einfluss auf die Erwartungen an soziale Leistungen ausübt. Ein sinnvoller Umbau des Sozialstaates erscheint nur auf der Basis eines geregelten Arbeitsmarktes möglich. Wie sonst soll der von der Gesellschaft erwartete „flexibilisierte" Jugendliche, von dem später die Rede sein wird, eigenverantwortlich und „privat" für seine Altersvorsorge und Krankenversicherung aufkommen, wenn er sich ohne jede Planungssicherheit von Job zu Job hüpfen sieht wie ein Känguru und unterschiedliche Zeiten der Arbeitslosigkeit in sein Lebenskonzept integrieren muss?

6. Der Verlust an Bildung

In jedem zivilisierten Staat gilt Bildung als unveräußerliches Recht jedes Einzelnen. Sie wird als ein Wert betrachtet, der nicht nur über die Chancen zur „freien Entfaltung der Persönlichkeit" des Individuums, sondern über den kulturellen Stand der Gesellschaft als ganzer entscheidet. Die in den letzten Jahrzehnten von der UNO geforderten, wenn auch nur schleppend anlaufenden Alphabetisierungskampagnen speziell in den Ländern der Dritten Welt betonen in ihren Begründungen den unteilbaren Zusammenhang von Menschenrechten und gesellschaftlichem Fortschritt durch höhere Bildungsstandards. Es schmälert nicht das Verdienst dieser Bemühungen, dass sie unter den Vorzeichen der Globalisierung stehen und bevorzugt der Wettbewerbsfähigkeit auf den internationalen Märkten dienen. Vielmehr verdeutlichen sie die ungeheuren Ungleichheits- und Unrechtsverhältnisse innerhalb der internationalen Staatengemeinschaft.

In dem Maße aber, in dem es als Aufgabe des 21. Jahrhunderts gilt, diese Ungleichheiten abzubauen, entwickelt sich eine Bildungskonkurrenz zwischen den Völkern, wie sie schärfer noch nie gewesen ist. Dabei verkürzt sich unter dem Druck der Ökonomisierung der Gesellschaft der Begriff der Bildung auf ein Herrschaftswissen, das die technischen Revolutionen ohne Vorbehalte auf ihre Kapitalisierungsmöglichkeiten hin zu nutzen weiß. Die Militanz, mit der dieser Bildungskampf ausgetragen wird, konnte nicht deutlicher als in der programmatischen Wortneuschöpfung der „Bildungsoffensive" formuliert werden, zu der die regierenden Parteien immer dringlicher aufrufen. Beim Übergang von der Industrie- zur Wissensgesellschaft, so heißt es, werde Bildung immer mehr zum Schlüssel individueller Chancen, und die durch Ausbildung garantierte Innovationsfähigkeit habe die Bedeutung einer „neuen sozialen Frage". Die Werte, die mit einem solchen Bildungskonzept benannt sind, machen deutlich, dass die „Wissensgesellschaft" von heute nur noch wenig mit dem humanistischen Ideal der Bildung gemeinsam hat. Diesem schwebte in der Einheit von Erziehung und Wissensvermittlung vor allem der Aufbau eines kulturell-ethischen Wertesystems vor. Der heutige Bildungsbegriff zielt dagegen in erster Linie auf die „Zukunftsfähigkeit" der Gesellschaft und setzt seine Prioritäten im technischen Fortschritt, im wirtschaftlichen Wachstum und in der Sicherung des Wohlstands.

Dieser Wertewandel lässt befürchten, dass ein maßgeblich auf rational-technisches Wissen verengter Bildungsbegriff und seine ökonomischen Zielsetzungen in einer Weise auf die Erziehungs- und Bildungsinhalte in Familie, Kindergarten, Vorschule und Schule zurückwirken, dass die tragenden Bildungsideen des Humanismus bis zur Unkenntlichkeit aufgelöst werden.

Eine zweite Gefahr, die vom jetzigen „Vorstoß in die Wissensgesellschaft" ausgeht, liegt in der Erzeugung eines sozialen Selektionsdrucks, der unvorhersehbare Folgen haben wird. Ein Symptom dieser Entwicklung ist die Einführung der „Greencard". Nachdem das im internationalen Vergleich rückständige Bildungssystem in Deutschland bisher zu keiner „zukunftsfähigen" Bedarfsplanung und der Ausschöpfung eigener Ressourcen in der Lage war, ist das Land jetzt aus ausschließlich wirtschaftlichen Erwägungen auf ausländische Spezialisten für technische Innovationen angewiesen. Damit wird die seit langem geführten Diskussion über Einwanderungspolitik, Ausländerrechte und Asylverfahren, die im Wesentlichen eine ethische Debatte über die Integrationsbereitschaft und -fähigkeit einer multikulturellen Gesellschaft sein sollte, um eine neue Dimension erweitert und zugleich verschärft. Unverhohlen wird bereits jetzt, nachdem die Zuwanderung der ersten Hundertschaften ausländischer Spezialisten erfolgt ist, in der Öffentlichkeit über „gute" und „schlechte" Ausländer diskutiert. Diese durch ein elitäres Auswahlprinzip erzeugte Spaltung könnte besonders jene Teile der jungen Generation zu verschiedenen Formen des Protestes mobilisieren, die sich als Verlierer des hiesigen Bildungssystems erleben.

Nur in diesem Zusammenhang erscheint die Aufregung gerechtfertigt, die die im Jahr 2000 durchgeführte, 2001 veröffentlichte erste „Pisa-Studie" bei allen Bildungsbeauftragten in Deutschland ausgelöst hat.[4] Diese von der Organisation für wirtschaftliche Zusammenarbeit in Europa (OECD) veranlasste Schulstudie über 265 000 15-jährige Schüler aus 32 Ländern bestätigte die schlimmsten Befürchtungen über die Rückständigkeit des deutschen Bildungssystems. Die Leistungen der deutschen Schüler in den Bereichen Lesen, Rechnen, Naturwissenschaften, die Fähigkeit zur Problemlösungskompetenz und Leistungsmotivation lagen zum Teil dramatisch unter dem OECD-Durchschnitt. Auch in der Frage, wie realitätsgerecht und praktisch die Jugendlichen auf das Leben vorbereitet sind, schnitten deutsche Schüler schlechter ab als in den meisten Vergleichsländern.

Das aufschreckendste Ergebnis aber war, dass die unterdurchschnittlichen Leistungen durch das katastrophale Abschneiden der Jugendlichen zustande kamen, die aus sozial schwachen Familien, aus Immigrantenfamilien oder aus Familien mit einem ausländischen Elternteil stammten. In keinem anderen Land klaffte die Leistungsschere zwischen sozial stabilen und sozial benachteiligten Schülern derart stark auseinander wie in der deutschen Gruppe.

Zu einem ähnlichen Ergebnis war bereits die bekannte Vorgängerstudie von 1997 („Timms") gekommen.[5] Sie sorgte damals für das gleiche Erschrecken bei den Kultusministern der Länder und im Bundesministerium für Bildung und Forschung und dürfte 1998 für die neue Bundesregierung ein entscheidender Anstoß für die schon damals ausgerufene „Bildungsoffensive" gewesen sein. Nur geändert hat sich bisher wenig. Im Schock über die „Pisa-Studie" wurden von den Kultusministern folgende Versäumnisse eingeräumt:

1. Die finanzielle Förderung der Bildung in Deutschland ist im internationalen Vergleich zu gering.
2. Bildung wird von der Politik hauptsächlich unter dem Aspekt der Kosten und nicht unter dem der Investition für die Zukunft verbucht.
3. Besonders die Vor- und Grundschulbildung wurde sträflich vernachlässigt, wovon besonders sozial schwache Schüler und Ausländerkinder betroffen sind.
4. Kindergärten werden als Spiel- und Beschäftigungseinrichtungen und nicht als Bildungsstätten betrachtet und entsprechend gefördert.
5. Der Bildungsauftrag der Eltern ist aus dem Blickfeld der Politik geraten und muss von ihr stärker berücksichtigt werden.
6. Eine Integration ausländischer Familien in unser Bildungssystem, speziell in die Sprachenbildung, hat bisher kaum stattgefunden. Die Sprachendefizite ausländischer Kinder zum Zeitpunkt der Einschulung sind kaum aufzuholen und müssen deswegen familiär und außerfamiliär früher ausgeglichen werden.
7. Die flächendeckende Einrichtung von Ganztagsschulen und die stärkere Durchlässigkeit des gestuften Schulsystems haben sich als zwingend erwiesen.

Nicht zuletzt die erste „Pisa-Studie" hat den Wert, den Bildung in unserer Gesellschaft einnimmt, neu problematisiert und eine soziale Ungleichheit in den Bildungschancen kenntlich gemacht, die viele bereits als überwunden glaubten. Wenn schon das humanistische Bildungsideal zugunsten einer postmodernen Wissensgesellschaft abgedankt hat, sollte wenigstens der Zugang zu dieser für alle grundrechtlich gesichert sein.

Dies wird jedoch noch lange Zeit ein Wunschtraum bleiben. Im Jahr 2003 wurde die zweite internationale „Pisa-Studie" durchgeführt. Ihre 2004 veröffentlichten Ergebnisse zeigen im Durchschnitt nur einen geringfügigen Leistungsanstieg der deutschen Schüler in den Bereichen Mathematik und Naturwissenschaften. Alarmierender und mit der ersten Studie vergleichbar waren wieder die sozialen Ungleichheitsverhältnisse in den Leistungen. Zirka 25 Prozent der 15-jährigen Schüler erreichten im Lesen und Rechnen nur ein Grundschulniveau.

7. Die Rolle der Medien

In der Auseinandersetzung über den Einfluss der neuen Medien auf das Wertegefüge des Einzelnen und auf die Gesellschaft sind im Allgemeinen zwei polarisierte Meinungen auszumachen. Nach der ersten dient ihr Fortschritt der notwendigen Informations- und Wissensvermittlung und der vernetzten Kommunikation, wie sie die schnellen Veränderungen in einer globalisierten Welt notwendig machen. Die kritische Meinung argumentiert mehr inhaltlich, wenn sie nach dem moralischen Wert der transportierten Informationen fragt.

Dieser Streit lässt sich versachlichen, indem man sich klarmacht, dass Medien als Vermittler von Nachrichten und Botschaften seit Menschengedenken, d.h. von den Höhlenzeichen der Steinzeit bis zum Internet, noch nie wertneutral waren. Abhängig vom jeweiligen politisch-kulturellen Hintergrund wurden sie schon immer zur gezielten Beeinflussung von Menschen genutzt. Das entsetzlichste Kapitel der deutschen Mediengeschichte wurde auch ohne Fernsehen und Computer im Dritten Reich geschrieben. Presse und Rundfunk reichten für eine gigantische Propagandamaschine aus, um ein ganzes Volk zur Kriegslüsternheit, zu Rassenhass und Völkermord in einer bis dahin unbekannten Dimension aufzuhetzen.

An diese real gewordene Auflösung aller Grundsätze einer menschlichen Werteordnung im 20. Jahrhundert ist zu erinnern, wenn wir heute teils begeistert, teils erschrocken über die neuen Möglichkeiten der weiten Medienlandschaft nachdenken. Ohne eine solche Relativierung ist eine einigermaßen sachliche Beurteilung der aktuellen Entwicklung kaum möglich. Eine Grobskizze zeigt folgendes Bild.

Die öffentlich-rechtlichen Rundfunk- und Fernsehanstalten haben zu Beginn des 21. Jahrhunderts ein Informationsniveau erreicht, das, historisch erstmalig, den Ansprüchen einer demokratischen Meinungsbildung und eines aufgeklärt-kritischen Journalismus in hohem Maß entspricht. Damit tragen sie zur Stärkung der Demokratie und zum Erhalt ihrer „freiheitlichen Grundordnung" bei. Dagegen werfen viele Angebote der privaten Medienindustrie die Frage auf, ob und in welcher Form sie zum Abbau eines für alle verbindlichen Wertekanons führen können. Auf diese Frage gibt es bisher keine einfache Antwort. Heutige Medienmogule manipulieren die öffentliche Meinung nicht direkt durch antidemokratische Ideologien. Vordergründig besteht ihr Interesse hauptsächlich an wirtschaftlicher Macht. Damit befinden sie sich im Einklang mit dem kapitalistischen Aufbau der Gesellschaft. Der harte Konkurrenzkampf zwischen privaten Fernsehsendern oder Internetanbietern besteht hier wie in anderen Wirtschaftszweigen. Der entscheidende Unterschied zu den öffentlich-rechtlichen Anstalten liegt jedoch in den Inhalten, mit denen die notwendigen Einschaltquoten und die Internetnutzung erreicht werden.

Aus psychologischer Sicht lässt sich vereinfacht formulieren, dass die unterschiedlichen Inhalte auf zwei verschiedene Instanzen in der seelischen Struktur des Individuums abzielen. Die öffentlich-rechtlichen Medien liefern als wertbestimmenden Teil ihrer Informationspolitik kulturelles und politisches Wissen und regen den Konsumenten durch ein breit gefächertes Meinungsspektrum zur selbstständigen Urteilsbildung an. Die psychische Instanz, an die sie sich mit dieser Programmatik wenden, ist das Ich als die vernünftige, erkennende und steuernde Kraft im Seelenhaushalt.

Die privaten Medien wirken dieser Absicht geradezu entgegen. Sie wollen Geld verdienen. Dabei gehört es zur Natur des Menschen, dass dieser seinen primären Bedürfnissen eindeutigen Vorrang vor seinen geistig-moralischen Ansprüchen einräumt. Die drei fundamentalen Triebbedürfnisse umfassen das Besitzstreben, das vom Urbedürfnis des Hungers abgeleitet ist, die Aggressionsneigung und die Sexualität in all ihren Spielarten. An das Besitzstreben wird durch die illusionistische Darstellung von Reichtum, durch konsumanreizende Reklame und das Tele- und Internetshopping appelliert; die Aggressionsneigung lässt sich durch die hemmungslosen Gewaltorgien in TV-, Video- und Computerangeboten befriedigen; die in der Kindheit polymorph-pervers angelegte Sexualität wird in der Phantasie durch die alle Tabuschranken brechende Sexwelt vom Erotikfilm und Erotikthriller über die Sexreklame bis zum Pornovideo und den Internetangeboten mit pornographischen Kinderfotos wiederbelebt. Dieses Panorama menschlicher Leidenschaften lässt die Kassen der privaten Anbieter klingeln. Psychologisch setzen sie auf das von der Psychoanalyse beschriebene Es, das den Urgrund aller menschlichen Bedürfnisse und Wünsche bildet.

Die Konkurrenz zwischen öffentlich-rechtlichen und privaten Medien ist daher nur vordergründig ein Kampf um Einschaltquoten. Aus der Werteperspektive erscheint sie wie ein Ringen um den Menschen in seiner ganzen Widersprüchlichkeit zwischen vernunftgeleiteter Moral und unzivilisierten Triebansprüchen. Die private Medienindustrie deswegen einseitig zu verdammen schafft den Teufel nicht aus der Welt. Seine allgegenwärtige Existenz sichtbar zu machen, lässt sich auch als Verdienst betrachten. Insofern sind diese Medien nicht nur in negativ zu wertender, sondern auch in positiver Weise am Wertewandel beteiligt, indem sie an die Stelle moralischer Heuchelei die Radikalität der menschlichen Wahrheit setzen.

II. Welche Werte haben Jugendliche?

1. Ergebnistrends der großen Jugendstudien

Das moderne Zeitalter hat zur Vermeidung spontaner Ausbrüche kollektiven Unbehagens wissenschaftliche Instrumente entwickelt, die Meinungen, Einstellungen und Verhalten in der Öffentlichkeit systematisch erfassen und prognostizierbar machen. So wenigstens lautet der Anspruch der empirischen Sozialforschung und der Demoskopie. Hauptinteressenten für ihre Ergebnisse sind die politischen Eliten, weil sie je nach Zustimmung oder Ablehnung die Weichen der Politik neu stellen müssen. Es gibt die Blitzumfragen zur Beliebtheitseinschätzung auf Straßen und öffentlichen Plätzen – „Wenn morgen gewählt würde, welche Partei würden Sie wählen?" oder „Welchen der genannten Politiker kennen Sie und wem trauen Sie am meisten zu?" Neben den bekannten Meinungsforschungsinstituten existieren noch zahlreiche universitäre und private Forschungseinrichtungen, die mit ausgefeilten statistischen Methoden repräsentative Bevölkerungsgruppen auf ihre Einstellung zu Politik, Gesellschaft, Religion, Familie, Freizeit, Sexualität und zu anderen Bereichen des Lebens durchleuchten.

Spätestens mit der „1. Shell-Jugendstudie" des Jugendwerks der Deutschen Shell von 1954 – diese Shell-Jugendstudien werden seitdem in Abständen von etwa vier Jahren durchgeführt – ist auch die Jugend mit ihren Einstellungstrends und Entwicklungen zu einem bevorzugten Objekt der Sozialforschung geworden. Da sie als Indikator gesellschaftlichen Wandels gilt, war es mit Beginn der neuen Wertedebatte Anfang der 70er Jahre für die Meinungsforschung nahe liegend, das Wertebewusstsein in der jungen Generation in ihre Forschungsdesigns einzubeziehen. Die erste Welle der Wertestudien war unverkennbar von dem gesellschaftlichen Wandel bestimmt, der durch die 68er-Generation ausgelöst wurde. Die zweite Welle setzte 1989 mit der „Wende" in der deutschen Nachkriegsgeschichte durch die Wiedervereinigung ein. Jetzt galt es, besonders unter dem Eindruck des schnell explodierenden Rechtsextremismus in den neuen Bundesländern, die Werteentwicklung der West- und der Ostjugend zu vergleichen. Außerdem führte der Zerfall der Sowjetunion zur Auflösung der Ost-West-Spaltung, wodurch die Einigung Europas zu einem Staaten- und Währungsverbund abgeschlossen und die Osterweiterung entscheidend vorangetrieben werden konnten. Unter diesen Vorzeichen kam es ab den 90er Jahren zu einer unerwarteten Beschleunigung des Globalisierungsprozesses.

Wie schlagen sich diese weltpolitischen Einschnitte und die vorgenannten Zivilisationsbrüche in den Wertvorstellungen der heutigen Jugend in Deutschland nieder? Diese Frage wurde in die vier großen und repräsentativen Jugendstudien der letzten Jahre aufgenommen. Zwei davon stammen aus dem Deutschen Jugendinstitut, die beiden anderen sind die 13. und 14. Shell-Jugendstudie des Jugendwerks der Deutschen Shell aus den Jahren 2000 und 2002.[6] Die Studien beschränken sich nicht auf die Untersuchung der Werte, sondern entwerfen mit unterschiedlichen Akzentsetzungen ein breites Panorama der Einstellungen heutiger Jugendlicher zu Fragen europäischer Politik, zum Deutschlandbild, zum Verhältnis deutscher und ausländischer Jugendlicher, zum Vergleich West- und Ostdeutschlands, zur Arbeitswelt und privaten Themenkomplexen. Trotzdem würde es den Rahmen des Buches sprengen, das umfangreiche Datenmaterial der einzelnen Studien allein zur Wertefrage und die verschiedenen Deutungsmuster ausreichend zu referieren. Auf einzelne Befunde wird im Verlauf der weiteren Darstellung verwiesen. An dieser Stelle sollen nur die wichtigsten Trendlinien skizziert werden, die sich als relativ einheitlich in allen vier Studien abzeichnen.

Ganz oben auf der Prioritätenliste der Werteskalen stehen die *postmodernen* Werte. Zu ihnen zählen Autonomie, Selbstverwirklichung, Freiheit, Unabhängigkeit, Individualismus und Selbstmanagment – seit einiger Zeit als „Ich-AG" schöngeredet.[7]

Den zweiten Rangplatz nehmen die *traditionellen* Werte ein. Zu ihnen rechnen Schul- und Berufsausbildung, Leistung, Pflichten, Disziplin, Familienorientierung und Freunde.

Erst an dritter Stelle folgen, entgegen einem allgemeinen Vorurteil über die Jugend, *materialistische* und *hedonistische* Werte. Dazu zählen Wohlstand, Besitz, Sicherheitsbedürfnisse, allgemeiner Lebensgenuss und Freizeit.

An vierter Stelle und weit abgeschlagen hinter den drei anderen Wertkategorien rangieren die *prosozialen* Werte. Dazu rechnen Menschlichkeit, Verantwortungsbewusstsein, soziales und politisches Engagement, Umweltschutz, Solidarität, Hilfsbereitschaft und Toleranz.

Diese vier Wertkategorien sind jedoch nicht einheitlich verteilt und widerlegen das Einheitsklischee von „der Jugend". Vielmehr zeigen sie ein hochsignifikantes Driften: Je höher der Sozialstatus und Bildungsstand der Jugendlichen ist, die beide eng mit den Formen familiärer Unterstützung und der Beziehungsqualität in der Familie zusammenhängen, umso mehr dominieren die postmodernen und prosozialen

Werte. Umgekehrt: je geringer die familiären, persönlichen und sozialen Ressourcen der Jugendlichen ausfallen, umso statistisch signifikanter gewinnen traditionelle und materialistisch-hedonistische Werte an Gewicht.

Die Übereinstimmung dieser Befunde in allen vier großen Jugendstudien ist so überzeugend, dass sich darin die bestehenden Grenzen in der sozialen Schichtung der jugendlichen Bevölkerung besonders klar abzeichnen. Wie sich der unterschiedliche Wertekanon in der Lebenspraxis und in den psychologischen Auswirkungen niederschlägt, wird in der weiteren Darstellung deutlich werden.

Neben den sozialen Schichtunterschieden zeigen die Studien noch einen weiteren übereinstimmenden Befund beim Geschlechtsvergleich. Danach vertreten Mädchen häufiger postmoderne und vor allem prosoziale Werte als Jungen. Diese tendieren stärker zu traditionellen und materialistisch-hedonistischen Werten. Dieser Unterschied ist bei der weiteren Lektüre zu berücksichtigen, auch wenn das Buch nur in einzelnen Punkten die Geschlechterfrage vertieft, um die Hauptargumentation nicht allzu sehr zu komplizieren.

Eine entscheidende Kritik an den großen Jugendstudien besteht darin, dass sie Werte nur als Idealvorstellungen und Wünsche erfassen, z. B. „Eine Familie mit Kindern ist für mich sehr wichtig", oder: „Ein sinnvoller Beruf steht für mich an erster Stelle", diese Vorstellungen aber von den konkreten Lebensbedingungen und Zukunftschancen abgekoppelt bleiben. Dadurch wird ein sehr viel günstigeres Bild vorgetäuscht, als es der Realität entspricht. Die folgenden, stark gekürzten Passagen aus der Zusammenfassung der 13. Shell-Studie von 2000 über die Ergebnisse der Wertorientierung kommen zum Beispiel zu einer Gesamteinschätzung, die in ihrer positiven Überzeichnung geradezu leichtfertig anmutet.

„Jeder Jugendliche wird heute zum flexiblen Konstrukteur seiner eigenen Biographie mit einem persönlichen Wertekosmos, er muss und kann sich seine Identität und seine Wertorientierungen aus Versatzstücken selbst und eigenverantwortlich zusammenbasteln, sozusagen sein eigenes biographisches und ethisches ‚Gesamtkunstwerk' schaffen und inszenieren, ein Kunstwerk, dessen Inhalt er selbst ist.

Dass das Risiko eines solchen biographischen und ethischen ‚Selbstentwurfs' bei den Jugendlichen offenkundig kaum Ohnmachts- oder Überforderungserfahrungen nach sich zieht, deutet darauf hin, dass das Wegfallen einstiger Planungssicherheiten und verbindlicher Wertetopografien in erster Linie ein Erwachsenenproblem ist, während sich das Gros der Jugendlichen bedarfsgerecht ein neues, eigenes Orientierungsschema bastelt, das sich beispielsweise um die Sicherung eigener Lebensbereiche rankt ... Wie aber sieht der neue Kompass für den persönlichen Wertekosmos aus? ... Der grundgültige und allgemein verbindliche alte Wertehimmel ist passé, es gilt das Kantsche ‚moralische Gesetz in mir'... Insofern beobachten wir eine Werteinflation. Es verfallen dabei jedoch keineswegs die Werte an sich, mit dem möglichen Verlust ist ein Gewinn an Vielfalt verbunden ... Dass die Jugendlichen bei diesem Wertecocktail und bei aller Patchwork-Identität ziemlich nüchtern und illusionslos ihre eigenen Chancen und Risiken innerhalb des vereinten Europa einschätzen und mit der Ambivalenz ihrer Zukunftserwartungen recht pragmatisch umzugehen wissen, lässt sich daran ablesen, dass sie ihre persönlichen Lebensziele, Werte und Vorstellungen hochhalten und auch ihr Handeln daran ausrichten."[8]

In solchen Formulierungen wird strikt ausgeblendet, dass sich Werte nicht abstrakt diskutieren lassen, sondern in unmittelbarer Beziehung zur Realität der Gesamtgesellschaft und zu den konkreten Lebensbedingungen und -chancen jedes Einzelnen stehen. Insofern ist streng zu unterscheiden zwischen deklarierten Wertidealen und den Möglichkeiten, diese auch zu verwirklichen. Je weiter die Schere zwischen Ideal und Wirklichkeit auseinanderklafft, umso mehr lässt sich von einem Werteverrat sprechen.

2. Zukunftshoffnungen

Die Idealisierung jugendlicher Wertemuster in der renommierten Shell-Studie passt so gar nicht in die Landschaft der übrigen Sozialforschung, die sich auf Themen bezieht, die in der Gesellschaft als Skandale gehandelt werden und deren Ergebnisse für Schlagzeilen sorgen: die wachsende Gewaltbereitschaft und Kriminalität, Rechtsradikalismus und Fremdenhass, Linksradikalismus, die zunehmende Drogensucht und der Zusammenhang von Medienkonsum und Gewalt. Jugendliche Randgruppen geraten ins Visier der Wissenschaft: Skinheads, Punks, Autonome und die zahllosen Anhänger von Sekten und mystischen Glaubensgemeinschaften.

Allen diesen Gruppen ist gemeinsam, dass sich ihre Werte, wenn auch je nach Gruppenzugehörigkeit verschieden, grundlegend von dem „Wertekosmos" in den zitierten Studien unterscheiden. Es handelt sich bei ihnen um „Antiwerte", die gegen den gesellschaftlichen Konsens gerichtet sind und in denen sich der Protest vieler Jugendlicher gegen ihre Lebensbedingungen radikalisiert hat. Leider verfügen wir bis heute nicht über Langzeitstudien, die die Frage klären könnten, ob es sich hierbei um Ausdrucksformen einer „Protestjugend" handelt, die es historisch in jeder Kultur in unterschiedlichem Gewand gegeben hat und die mit dem definitiven Eintritt in die Gesellschaft aufgegeben werden, oder ob sich in diesen Formen jugendlicher Randgruppenbildung ein kulturelles Leck auftut, das ein die Jugendzeit überdauerndes Abdriften in einen zunehmenden Werteverfall signalisiert.

Neben diesen skandalumwitterten Gruppen von Jugendlichen gibt es andere Teile der Jugend mit einer entgegengesetzten Wertekultur. Sie wurden in den großen Jugendstudien nicht speziell berücksichtigt, spielen aber in der psychologischen und sozialwissenschaftlichen Forschung der letzten Jahrzehnte eine wichtige Rolle. Den kollektiven Erfahrungshintergrund für diese Untersuchungen bildeten die Großereignisse von Beginn der 60er Jahre bis in die Gegenwart, die die Welt bewegten: 1. der spätestens seit der Kuba-Krise 1962 immer wieder verschärfte „Kalte Krieg" und sein atomares Bedrohungspotential; 2. der Vietnam-Krieg; 3. die dramatisch zunehmende Umweltzerstörung und die drohende Klimakatastrophe; 4. die immer schnelleren Fortschritte der Technik, insbesondere im Bereich der Biotechnologie und Kernenergie; 5. die Reaktorkatastrophe von Tschernobyl 1986; 6. die Wiedervereinigung Deutschlands 1989 und 7. der internationale Terrorismus, der seit der Zerstörung des World Trade Centers in New York am 11. September 2001 mit den nachfolgenden Kriegen in Afghanistan und im Irak die Welt überzieht.

Zum ersten Mal in der Geschichte der Wissenschaft wurde in diesem Zeitraum die Frage gestellt und in zahlreichen nationalen und internationalen Studien untersucht, wie Kinder und Jugendliche in ihrer seelischen Befindlichkeit auf diese gesellschaftlich produzierten Gefahren und Risiken (in der Fachsprache als „makrosoziale Stressoren" bezeichnet) reagieren. Besonders interessierte dabei die Frage nach ihren Zukunftsängsten und Zukunftshoffnungen. Aus der inhaltlichen Bestimmung von Ängsten und Hoffnungen ließen sich indirekt sehr präzise Einblicke in die den jungen Menschen wichtigen Wertevorstellungen gewinnen.

Die Zukunftsängste sollen an späterer Stelle im Zusammenhang mit Fragen des Werteverrats ausführlicher thematisiert werden. Die Zukunftshoffnungen sind an dieser Stelle von größerer Bedeutung, weil sie in engem Bezug zu den Werten stehen.

Wenn man die vorliegenden Kinder- und Jugendstudien im angegebenen Zeitraum überblickt, zeigen sie eine hohe Übereinstimmung in folgenden Trends: Die Zukunftshoffnung „Frieden" nimmt in allen Untersuchungen mit weitem Abstand zu anderen Hoffnungen den höchsten Rangplatz ein. Frieden scheint auch für junge Menschen, die keine persönlichen Kriegserfahrungen erleiden mussten, ein oberstes Werteprinzip darzustellen, das die Einlösung anderer Grundwerte erst möglich macht. Die meisten Informationen über Krieg beziehen Kinder und Jugendliche durch die Berichterstattung der Medien aus Krieg führenden Ländern oder, bis 1989, durch die „Bombardierung" mit Nachrichten über die Gefahren eines Atomkrieges.

Eine zweite dominierende Zukunftshoffnung betrifft eine heile Natur. Dieser Befund kommt am eindrucksvollsten in Materialien zum Ausdruck, die zum Thema „Meine Zukunft" durch zahlreiche Projekte im Rahmen der Umwelterziehung in Kindergärten und Schulen, durch Schreib- und Malwettbewerbe oder in der öffentlichen und politischen Kinder- und Jugendarbeit gesammelt werden. Zu den in großer Fülle zugänglichen Materialien zählen Aufsätze, Briefe, erfundene Geschichten, Gedichte, (gemalte) Bilder, Träume sowie aufgezeichnete Gespräche und Interviews. Die enge Naturverbundenheit von Kindern und wohl auch der meisten Jugendlichen, über die ihre Technikbegeisterung nicht hinwegtäuschen sollte, entstammt dem noch nicht durch die Zivilisation entfremdeten Naturanteil in ihnen selbst.

Die wissenschaftlichen Untersuchungen und auch die unsystematischen Materialien zu den Zukunftshoffnungen bestätigen die repräsentativen Jugendstudien in dem Befund, dass ein befriedigender Beruf und ein gesicherter Arbeitsplatz zu den bevorzugten Werten der Jugend gehören. Häufig genannte Zukunftshoffnungen betreffen außerdem den Wert zwischenmenschlicher Beziehungen.

Eine hohe Übereinstimmung zwischen den Ergebnissen der großen Jugendstudien und den Untersuchungen zu den Zukunftshoffnungen ergibt sich auch bei der Einschätzung des Materialismus der Jugend. Sowohl in den Wertestudien als auch nach allen anderen Befunden stellt der reine Materialismus im Sinne der Besitzanhäufung keinen besonders attraktiven Wert dar, auf den sich die Zukunftshoffnungen eines großen Teils der Jugend richtet.

Damit wird ein geläufiges Vorurteil in der Öffentlichkeit eindeutig widerlegt. Die übereinstimmenden Befunde besagen jedoch nicht, dass die Jugend materiellen Besitz, dort wo er ihr angeboten wird, nicht genießen könnte. Hier scheint sich daher in erster Linie ein Problem der Generation der Eltern aufzutun, die, soweit ihre finanziellen Möglichkeiten es zulassen, die Kinder aus unterschiedlichen Gründen zu etwas verführen, worauf diese nach ihrer inneren Überzeugung keinen besonderen „Wert" legen.

Demgegenüber taucht in den Befunden zu den Zukunftshoffnungen ein weiterer Wert überzufällig häufig auf: Gesundheit – die eigene und die der Eltern. Dieser Befund ist im Zeitalter der AIDS-Krankheit, die besonders für Jugendliche mit ihrer noch ungeregelten und unerfahrenen Sexualität eine Dauerbedrohung darstellt, nicht verwunderlich. Darüber hinaus sind aber auch die Ängste vor gesundheitsschädigenden Umweltgiften aus der Vorstellungswelt heutiger Jugendlicher nicht mehr wegzudenken. Die Eltern betreffend sorgen sich die durch die Medien aufgeklärten Kinder und Jugendlichen mehr über Krebs und Verkehrsunfälle. Ihre ausgeprägten Hoffnungen für die Gesundheit der Eltern dürften damit zusammenhängen, dass ihr Verlust durch Tod in diesem Alter das schwerste Trennungstrauma darstellen würde, das sie erleiden können.

Halten wir hier zunächst fest, was die Forschung über Zukunftshoffnungen an besonders wichtigen Wertevorstellungen der Jugendlichen zu Tage gefördert hat:

Frieden, eine heile Natur, die Aussicht auf Arbeit, die Verlässlichkeit zwischenmenschlicher Beziehungen, Gesundheit (die eigene und die der Eltern) und an letzter Stelle Besitz, soweit er der Sicherung des Lebens dient.[9]

3. Die Bedeutung der Religion

Kann eine Gesellschaft ohne Religion leben, oder kann sie aus sich heraus Werte schaffen, die denen der religiösen Ethik in ihren humanen Zielsetzungen entsprechen? Die Antworten auf diese in der allgemeinen Wertedebatte immer drängender gestellten Fragen fallen je nach Standpunkt unterschiedlich aus. Nachdem in der ehemaligen DDR die Religion durch die „wissenschaftliche Weltanschauung" ersetzt wurde, haben die christlichen Kirchen dort nur noch ein Randdasein geführt. Auffallend war, dass es parallel dazu in den westlichen Demokratien ebenfalls zu einem rapiden Bedeutungsverlust beider Konfessionen kam und sich der Mitgliederschwund beschleunigte. Welche Folgen hatte dies für die religiöse Einstellung der heutigen Jugend?

Die Ergebnisse der Wertestudien zeigen einen ernüchternden Trend. Einen typischen Befund liefert die zweite Jugendstudie des Deutschen Jugendinstituts von Gille und Krüger aus dem Jahr 2000. Danach rangiert die Religion noch weit hinter dem Politikinteresse und wird im Durchschnitt nur von 25,5 Prozent der Jugendlichen aus dem Westen und von 13,5 Prozent aus dem Osten für wichtig gehalten. Ein interessantes Ergebnis erbrachte auch die 13. Shell-Studie, die die Bedeutung der Religion im Alltagsleben gründlich untersuchte. Zusammenfassend stellten die Autoren der Studie fest, dass die Religion als ehemals tragender Pfeiler unserer Wertekultur bei den deutschen Jugendlichen stark an Bedeutung verloren hat. Ganz anders bei den Jugendlichen islamischen Glaubens. Sie sind viel stärker in ihrer praktizierten Religion verwurzelt und beziehen aus ihr offenbar eine Kraft, die sie sowohl fester in die traditionellen Werte ihrer Familien einbindet als auch (durch den Glauben an eine „höhere Gerechtigkeit" und eine „höhere Bestimmung") ihre Zukunftswerte und -orientierungen verlässlicher aufbauen lässt als beim Durchschnitt deutscher Jugendlicher.

Dieser Unterschied ist besonders in Hinblick auf die Globalisierungsdebatte bemerkenswert, in der eine zentrale Frage lautet: Wurde bei der vom Westen ausgehenden Globalisierung des Weltmarktes der Faktor Religion bisher nicht völlig unterschätzt? Die Religion war bisher in allen Gesellschaften ein Fundament der Kultur. Die Standardisierung und Homogenisierung des Weltmarktes unter westlicher Dominanz wird, so die Befürchtung, zwangsläufig zu einer Konfrontation der drei großen Weltreligionen Christentum, Islam und Buddhismus führen und die Frage der Macht von der ökonomischen auf die religiöse Ebene verschieben. Wie ernst diese Befürchtung zu nehmen ist, zeigt die weltpolitische Lage nach dem erwähnten Terroranschlag am 11. September 2001. Die Diskussion über diese Thematik ist danach erneut voll entbrannt. In diesem Zusammenhang ist hier ein letztes Ergebnis der 13. Shell-Studie zu nennen, das die Frage der Religion betrifft (und das davor warnen könnte, im Hinblick auf Multikulturalität zu hohe Erwartungen an die Jugend zu stellen): „Die katholischen und evangelischen Jugendlichen wenden sich nicht, etwa herausgefordert durch das islamische Milieu, eigenen Traditionen religiös bestimmter Lebensführung zu; sie setzen sich nicht interessiert mit der neuen Religionsgemeinschaft auseinander; nichts spricht dafür, dass sie religiöse Lernprozesse machen. So bleibt die Merkwürdigkeit, dass die Zugehörigkeit zur islamischen Religionsgemeinschaft und die davon bestimmte Lebensführung im jugendlichen Alltag dauernd erfahrbar ist, ohne dass sich die evangelischen und katholischen Jugendlichen und auch nicht die ohne Religionsgemeinschaft davon beeindrucken lassen."[10]

Trotz der Ergebnisse der großen Jugendstudien zur geringen Bedeutung der christlichen Glaubensgemeinschaften für deutsche Jugendliche, die die Unruhe in den Kirchen beider Konfessionen erklären, scheint mir die negative Bilanz einseitig überzeichnet. Sie leistet dem Eindruck von einer Jugend Vorschub, die sich mehrheitlich voll den Moden und Realitätsanforderungen einer Konsum- und Leistungsgesellschaft und einer egomanischen Selbstverwirklichungsideologie verschrieben hat. Dabei verfallen angeblich die „höheren" Werte einer religiös orientierten Lebenseinstellung. Viele Erfahrungen sprechen jedoch dafür, dass sich eine solche Einschätzung zu sehr an der Oberfläche bewegt. So räumen die Autoren der Shell-Studie ein, dass die Erfassung des Religiösen, ob im christlichen Sinne oder in anderen Formen praktizierter Gläubigkeit, bei empirischen Forschungen vor großen methodischen Schwierigkeiten steht und deswegen ungenau bleiben muss. Glaube gehört für die meisten Jugendlichen mit ihren Sinn- und Orientierungskrisen zu den ganz privaten Geheimnissen und Bedürfnissen, über die sie im Rahmen wissenschaftlicher Befragungen ungern offen sprechen. Auch deswegen nicht, weil solche

Bedürfnisse in einer auf Rationalität und Funktionalität eingeschworenen Gesellschaft nicht konsensfähig sind.

Dabei löst gerade dieser Konsens besonders bei Jugendlichen Bedürfnisse nach spirituellen Erfahrungen aus, die ihnen die Realität vorenthält. Je weniger eine Gesellschaft in der Lage ist, aus sich heraus Werte zu schaffen, die eine religiöse Ethik ersetzen oder ergänzen könnten, umso mehr müssen sich Gegenströmungen entwickeln, die dem Urbedürfnis des Menschen nach Spiritualität entgegenkommen.

Die breiter werdende spirituell-esoterische Bewegung ist eine beredte Antwort auf eine gesellschaftliche Entwicklung, die den tradierten Wertekanon des Religiösen weitgehend aufgelöst hat. Diese Entwicklung aufzuhalten oder in andere Bahnen zu lenken, haben die beiden christlichen Kirchen nicht vermocht. So ist es kein Wunder, dass auch immer mehr Jugendliche mit ihren spirituellen Bedürfnissen andere Wege des Glaubens und der Hoffnung einschlagen. Die Massenveranstaltungen der Kirchentage sind zu Kristallisationspunkten einer Jugend geworden, die auf der verzweifelten Suche nach religiöser Orientierung gleich welcher Provenienz sind.

Vorläufige Höhepunkte dieser Glaubenssuche bildeten die Massenversammlungen von bis zu einer Million junger Menschen anläßlich des Todes von Papst Johannes Paul II. im Frühjahr 2005 in Rom und beim katholischen Weltjugendtag im gleichen Jahr in Köln anläßlich des Besuches von Papst Benedikt XVI. Das historisch neuartige und rätselhaft erscheinende Ausmaß dieses Phänomens, bei dem Jugendliche aus allen Teilen der Erde und allen Glaubensrichtungen mit Begeisterung und Freude zusammenwachsen, lässt sich auch als gewaltiger Protest gegen eine vom Werteverrat bedrohte Welt deuten. Denn bei den Versammlungen standen nicht nur Glaubensfragen auf der Tagesordnung, sondern auch der Kampf für Menschenrechte und den Werteerhalt in der globalen Gemeinschaft.

In Deutschland wird die Zahl nichtchristlicher Glaubensgemeinschaften, esoterischer Zirkel, Sekten und okkulter Geheimbünde inzwischen auf 600 geschätzt. Die Zahl ihrer Mitglieder wird mit zirka 2 Millionen angenommen, wobei der Anteil Jugendlicher unbekannt ist, aber nicht unbedeutend sein dürfte. Ihre Motivation scheint in vielen Punkten mit der der Jugendlichen in Rom und Köln übereinzustimmen, auch wenn ihre Glaubensinhalte und deren Praxis in vielen Gruppen bizarre, bisweilen selbstschädigende Formen annimmt.

Wie auch immer man die Gefahr der Mitgliedschaft von Jugendlichen in einer der nichtchristlichen Organisationen einschätzen mag, drückt sich darin ein Bedürfnis nach Spiritualität und Transzendenz aus, das in der Jugend viel verbreiteter sein dürfte, als alle ermittelten Befunde zur Wertorientierung vermuten lassen.

4. Grenzen der Forschung

Der Überblick über einige Ergebnistrends der Erforschung jugendlicher Wertvorstellungen zeigt deutliche Entsprechungen zum Wertewandel in der Gesamtbevölkerung, in der die postmodernen, traditionellen und materialistisch-hedonistischen Werte die prosozialen ebenfalls stark dominieren. Die Behauptung der Jugendforschung, dass der Wandel hauptsächlich von der Jugend angetrieben wird, muss jedoch im Sinne eines dialektischen Wechselspiels korrigiert werden.

In dem hochpolitischen Märchen von Hans Christian Andersen *Des Kaisers neue Kleider* ist es ein Kind, das als einziges die eitle Heuchelei und Lüge einer konformistischen Erwachsenenwelt durchschaut. Dort, wo der Kaiser und seine Untergebenen und schließlich das ganze Volk ein neues Gewand aus goldbestickter Seide und in voller Farbenpracht zu sehen vorgeben, erkennt das Kind die Wahrheit: „Aber er hat ja gar nichts an!" Angesichts der Verfilzungen von Politik und Wirtschaft sowie der Skandale im Industrie- und Bankenwesen, im Waffenhandel oder in der Spendenpraxis der politischen Parteien, die die Bevölkerung nicht den Gegenwert eines prächtigen Gewandes, sondern jährlich Steuergelder in Millionenhöhe kosten, behält das Märchen seine zeitüberdauernde Aktualität. Denn oft sind es zuerst Kinder und Jugendliche, die die Menetekel der Zeit erkennen und durch ihren Protest ebenso wie durch ihre Verweigerung ein Umdenken bewirken. Aber deswegen sind sie noch nicht allein die Träger des Wertewandels, sondern übernehmen ihrerseits neue Wertsetzungen, wie sie durch die Umbrüche in Familie und Gesellschaft geschaffen werden.

Diese Wertsetzungen in ihrer Gesamtheit zu erfassen stellt die wissenschaftliche Forschung vor unüberwindbare Grenzen. Deswegen können ihre Ergebnisse nur grobe Orientierungen liefern. In Wirklichkeit ist der Kanon der Werte unendlich viel reichhaltiger. Werte, ob moralischer, ethischer, kultureller, religiöser, politischer, ästhetischer oder zwischenmenschlicher Natur, gelten zwar allgemein als handlungsanweisende Motivationen; aber viele von ihnen steuern unser Denken, Fühlen und Handeln mehr unbewusst als bewusst. Deswegen entziehen sie sich der wissenschaftlichen Kontrolle. So ist es kein Zufall, dass Gefühlswerte wie Liebe, Dankbarkeit, Geborgenheit, Loyalität, Verständnis, Verzeihenkönnen, Wiedergutmachung und viele andere in wissenschaftlichen Untersuchungen nicht auftauchen. Sie sind es aber, die uns die Welt emotional erfahrbar machen, die unsere Einstellung zu ihr bestimmen und die uns im Einklang oder in Disharmonie mit uns und unserer Umwelt das Leben bewältigen lassen.

Die zweite und entscheidende Grenze der bisher geschilderten Befunde zum Wertebewusstsein von Jugendlichen liegt, wie bereits angedeutet, in der Möglichkeit ihrer realen Umsetzung. Was nützen, vereinfacht gefragt, Wertvorstellungen, wenn sie an den konkreten Verhältnissen scheitern? Wie sehen die psychologischen Folgen aus? Auf solche Fragen geben Werteuntersuchungen keine Antwort. Sie dienen vorwiegend der Meinungsforschung und politischen Orientierung. Aber die Politik, so die Erfahrung, lässt sich wenig durch das bewegen, was sich Jugendliche vorstellen und wünschen. Sie reagiert erst auf die gesellschaftsgefährdenden Phänomene, die durch ihre Versäumnisse produziert werden. Diese in einem präventiven Interesse genauer zu untersuchen, ist daher ein Hauptanliegen des Buches. Dazu ist es vorab erforderlich, sich eine klare Vorstellung davon zu machen, wie Werte entwicklungspsychologisch entstehen.

III. Wie Werte sich entwickeln

1. Die Bedeutung der Kindheit

Menschliche Entwicklung beginnt bereits in der Vorgeburtsphase in der psycho-physischen Einheit von Mutter und Kind, die sich noch längere Zeit nach der Geburt in der gemeinsamen Symbiose fortsetzt. Die Symbiose, auch als „Dual-Union" bezeichnet, stellt einen Zustand höchsten Wohlbehagens, der Geborgenheit und Spannungsfreiheit dar. Es ist die Zeit, in der sich das Neugeborene noch nicht von der Mutter getrennt erlebt. Ihre Brust, der Hautkontakt mit ihr, ihr Lächeln, ihre Sprache und ihre Zärtlichkeit sind seine ersten Sinneseindrücke und dienen allein der Befriedigung seiner Bedürfnisse nach Sättigung, Spannungsabfuhr und Ruhe. Freud bezeichnete diesen Zustand als „primären Narzissmus". Nach Erikson entsteht in dieser Phase im Kind das „Urvertrauen" als die Vorbedingung, um ein verlässliches Gefühl von sich selbst und der Umwelt zu gewinnen.

In diesem Stadium wird der erste Grundstein für ein Wertesystem gelegt. Die Befriedigung der narzisstischen Bedürfnisse nach Einheit, Schutz und Anerkennung bildet die ursprüngliche Erfahrung, aus der sich das Gefühl des „Selbst-Wertes" entwickelt. Psychologisch ist der Selbst-Wert mit dem humanistischen Ideal der „Würde" identisch, die unter allen Grundwerten den höchsten Rang einnimmt. Es ist sicher kein Zufall, dass dieser Grundwert als Fundament einer menschlichen Ordnung auf die Uranfänge des Lebens zurückgreift, in denen er elementar und in einer bereits höchst komplexen Form angelegt wird.

Am Anfang aller Wertsetzungen steht also das Individuum mit seinem Recht auf Selbstwert und Würde. Nur wenn diese garantiert sind, ist damit zu rechnen, dass Werte, die den anderen und die Gemeinschaft betreffen, greifen. Genau diese Gesetzmäßigkeit im Sinne eines stufenweisen Aufbaus des Wertesystems lässt sich durch die Erkenntnisse der Entwicklungspsychologie nachweisen.

Das Stadium des „primären Narzissmus" endet bereits nach wenigen Tagen oder Wochen, dann nämlich, wenn der Säugling durch die erste Differenzierung seines Wahrnehmungs- und Reaktionsvermögens zwischen „gut" und „böse/schlecht" unterscheiden lernt. Mit diesem Schritt ist seine „Vertreibung" aus dem „Paradies" besiegelt. „Gut" ist die Mutter, wenn sie den Säugling streichelt, „gut" ist die Brust, die Milch gibt, „gut" ist die Wärme des Badewassers und die Weichheit des Bettes. „Schlecht" ist die abwesende Mutter, die Brust ohne genügend Milch und die Reizüberflutung durch Lärm und angsteinflößende Sinneseindrücke. Die Unterscheidung zwischen „gut" und „böse" ist der zweite Schritt bei der Entwicklung von Wertkategorien.

Im Verlauf des ersten Lebensjahrs findet ein dramatischer Prozess statt, bei dem der Säugling immer stärker sein Getrenntsein von der Mutter erlebt. Der radikale Bruch mit dem ursprünglichen Zustand der Einheit führt zu einem Trennungsschock und zu einer Entwicklungskrise, in der er hin und her schwankt zwischen seinem Wunsch nach Wiederherstellung der paradiesischen Situation und seinen ersten Impulsen nach Abgrenzung und Autonomie. In dieser Situation bedarf er dringend eines „Dritten", des Vaters, der ihn, wie der französische Psychoanalytiker Jacques Lacan schreibt, aus der „dualen Verzauberung" mit der Mutter aufstört, seine Trennungsangst abpuffert und ihn in die

„symbolische Ordnung" einführt. Lacan war einer der ersten, der auf die Risiken in Familien aufmerksam machte, in denen nur ein Elternteil die Erziehung übernimmt.

Mit der Einführung des Vaters in das Mutter-Vater-Kind-Dreieck, in der Fachsprache als „Triangulierung" bezeichnet, beginnt ab Ende des ersten Lebensjahres das entscheidend Neue für das Kleinkind: Es muss lernen, dass die Mutter, der Vater und die Geschwister selbstständige Personen mit eigenen Bedürfnissen und Interessen sind. Mit dieser Erfahrung beginnt der dritte Schritt beim Aufbau einer Werteordnung – die Einführung der sozialen Dimension in das kindliche Erleben: „Es gibt nicht nur mich, es gibt auch die anderen." Von dieser Erkenntnis bis zur Verinnerlichung sozialer Werte führt ein für das Kind recht mühevoller und schmerzhafter Weg. Soziale Beziehungen sind mit Versagungen, Verboten und Forderungen nach Anpassung verbunden. Das Kind kann die neuen Erfahrungen nur verarbeiten und die Forderungen erfüllen, indem es die Eltern nachahmt, sich mit ihnen identifiziert und sie als Vorbilder idealisiert. Diese drei Mechanismen der Nachahmung, der Identifizierung und der Idealisierung bilden die Voraussetzung für alle zwischenmenschlichen Bindungen im Kindesalter und für die weitere Differenzierung des Wertesystems. Die Grundbedingung dafür ist die Liebe des Kindes zu den Eltern und vor allem sein existentielles Bedürfnis, von ihnen geliebt zu werden. Dafür ist es bereit, Verzicht bei der Durchsetzung eigener Bedürfnisse zu leisten und das Soziale als Werteprinzip zu verinnerlichen. Aus Angst vor Liebesverlust und der sozialen Angst vor Ablehnung entwickelt es soziale Kompetenzen wie Rücksichtnahme, Akzeptanz der anderen, die Bereitschaft zu teilen und die Fähigkeit der Einfühlung und des Mitleids. Diese Kompetenzen werden als Normen des Zusammenlebens in die Struktur der „Selbstrepräsentanzen" eingebaut.

Man darf sich das faszinierende Zusammenspiel zwischen entwicklungspsychologischen Gesetzmäßigkeiten und der Etablierung des Wertesystems nicht so einfach vorstellen, wie es bisher scheinen mag. Zunächst bedarf der Begriff „Selbstrepräsentanz" einer genaueren Erläuterung. Sie bezeichnet die Summe der Selbstbilder, die jeder Mensch von sich entwirft. Selbstbilder entstehen in frühester Kindheit durch die direkten Spiegelungen der Außenwelt, die ein Kind in seinen Eigenschaften in einer bestimmten Richtung festlegen. Kinder gelten zum Beispiel als „sensibel", „sozial", „friedfertig", „liebenswert", „hübsch" und „intelligent" oder als „schwierig", „bösartig", „aggressiv", „schwer erziehbar", „hässlich" und „dumm". Solche meist von Eltern oder Erziehern vermittelten Zuschreibungen prägen – weitgehend unabhängig davon, wie objektiv zutreffend bzw. verzerrt sie sind – die frühen Selbstbilder des Kindes entscheidend mit und färben seine Selbstrepräsentanzen dauerhaft in eher positiver oder negativer Weise ein. Die Art der Zuschreibung bleibt nicht ohne Einfluss auf die Beschaffenheit des Selbst-Wertes und, von ihm ausgehend, auf die Integration höher entwickelter, gemeinschaftsorientierter Werte.

In späterer Kindheit werden die Selbstbilder speziell durch zwei psychische Strukturen ausdifferenziert, die in der Psychoanalyse als „Ich-Ideal" und als „Über-Ich" bezeichnet werden. Wenn sich das Kind aus dem Stadium der Nachahmung der Eltern gelöst und seinen Erfahrungshorizont, seine Denkfunktionen und sein Weltverständnis erweitert hat, gewinnt es eine zunehmende Gewissheit über sich selbst. Mit dieser Trennung zwischen Ich und Nicht-Ich, zwischen Eigenem und Fremden stellt sich das Gefühl für die persönliche Identität ein. Damit tauchen für das Kind zum ersten Mal existentielle Fragen auf: „Wer bin ich?" und „Wie will ich sein?" Die Beantwortung ist zunächst noch stark von der Identifizierung mit den Eltern und ihrer

Idealisierung bestimmt. Je nach Geschlecht wird die Antwort lauten: „Ich will so werden wie Mama" oder „Ich will so werden wie Papa". Aber mit der schrittweisen Ablösung von den Eltern kommen andere Menschen ins Spiel, deren Nähe wohl tut und deren Eigenschaften faszinieren. Zunehmend werden auch eigene Begabungen erkennbar, und die Außenwelt bietet ein immer größeres Spektrum an Erfahrungen. Aus allen diesen Einflüssen entstehen Vorstellungen, Wünsche und Hoffnungen im Kind, wie es selbst jetzt und in Zukunft sein möchte. In diesem Prozess der Selbstfindung etabliert sich eine psychische Instanz, die mit dem Begriff des „Ich-Ideals" wohl am treffendsten gekennzeichnet ist.

Neben dem Selbst-Wert und dem Ich-Ideal ist eine dritte Kraft für den Entwurf eines stabilen Wertesystems unentbehrlich: das „Über-Ich". Mit diesem Begriff bezeichnet die Psychoanalyse seit Freud eine psychische Instanz, in der alle Erfahrungen mit der Außenwelt, speziell mit den Eltern, zu einer moralischen Struktur verdichtet sind, die unser Gewissen repräsentiert. Dabei spielen die vorgelebten Wertsetzungen und der Normenkodex der Eltern eine entscheidende Rolle. Das Über-Ich als innerer Koordinator unseres Denkens und Handelns hat durch den Prozess der Verinnerlichung die Funktionen übernommen, die früher die Eltern direkt ausübten. Je nach der Qualität der konkreten Erfahrungen besitzt das Über-Ich die Macht, unterstützenden und tröstenden Einfluss auf unser Ich zu nehmen oder aber das Ich mit peinigenden und tyrannischen Geboten zu verfolgen. Unter durchschnittlichen Bedingungen erhält das Über-Ich beide Anteile und spiegelt damit die Realität der Erziehung erstaunlich zuverlässig wider. Fortan übernimmt es die Aufgaben der Erziehung und spielt wie diese gegenüber dem Ich und den Triebkräften des Es die Rolle des „Gesetzeshüters", der die Grenzen individueller Freiheit und die

Regeln des sozialen Zusammenlebens universal gültig festschreibt. Damit wird das Über-Ich zu der Instanz, die im Zusammenwirken mit der Vernunft des Ich für die Etablierung kollektiv wirksamer Wertnormen verantwortlich ist.

An dieser Stelle scheint es angebracht, die theoretischen Zusammenhänge an zwei Fallbeispielen in ihren entgegengesetzten Polen zu illustrieren – im Gelingen und im Scheitern des entwicklungspsychologischen Aufbaus eines Wertesystems. Beide Jugendlichen waren bei mir in psychotherapeutischer Behandlung.

2. „Meine Eltern sind völlig unpolitisch": Janine (Fallbeispiel)

Janine ist fünfzehn Jahre alt, als sie mich auf Veranlassung ihres Klassenlehrers zur Therapie aufsucht. Nach glänzenden Leistungen in der Hauptschule sei es nach dem Probehalbjahr auf dem Gymnasium zu einem rapiden Leistungsabfall gekommen. Sie sitze, so der Lehrer, meist geistesabwesend in der Klasse, wirke sehr bedrückt, beinahe depressiv, sei recht ängstlich und kontaktgestört. Er mache sich Sorgen, ob sie trotz hoher Intelligenz die Versetzung schaffe.

Zum ersten Gespräch erscheint ein junges Mädchen, das mich an Sauermilch denken lässt: blass, ungeschminkt, ohne Schmuck, mit ungewaschenem Haar, ausgeleiertem grauen Pullover, abgewetzten, zerfransten Jeans. Ein Gesicht, das keinem auffällt, weder hübsch noch hässlich. Nur ihre leuchtenden Augen verraten das Leben unter dieser Maske der Eintönigkeit. Leise und schüchtern bestätigt Janine die Angaben ihres Lehrers. Ihr Zustand sei ihr selbst unerklärlich. Um mir selbst eine Vorstellung darüber bilden zu können, lasse ich mir zunächst ihre Familiengeschichte schildern.

Janine ist ein Einzelkind. Ihre Mutter arbeitet in einem Reisebüro. Nach der Geburt der Tochter hat sie ihre Tätigkeit für drei Jahre unterbrochen. Sie sei eine fröhliche und lebenslustige Frau, bei allen beliebt, treibe Sport und habe sich um sie, die Tochter, immer sehr gekümmert. Ihr Vater ist mittlerer Angestellter in einer Versicherungsgesellschaft. Auch er sei immer aktiv, habe viele Hobbys. Die Eltern unterhalten einen großen Freundeskreis, führen offenbar eine recht harmonische und partnerschaftliche Ehe, wobei ihre Tochter ihr „Ein und Alles" ist.

Nach dieser Schilderung habe ich den Eindruck, dass Janine ihre Eltern noch stark idealisiert, und sage:

„Da hast du wirklich Glück. Das sind ja Eltern wie aus dem Bilderbuch."

„Ja", sagt sie, „ich liebe meine Eltern sehr, und sie haben mich auch immer geliebt."

Weil die Stunde zu Ende ging und ich Janine nicht in einen Loyalitätskonflikt zu ihren Eltern bringen wollte, um unsere weiteren Gespräche nicht zu gefährden, verabschiede ich sie mit der Bemerkung:

„Wir werden das Rätsel schon lösen, warum es dir zur Zeit so schlecht geht." Tatsächlich tappte ich selbst noch völlig im Dunkeln.

In der zweiten Stunde wirkt Janine frischer und nicht mehr so kindlich. Sie ergreift sofort die Initiative:

„Ich habe noch mal über meine Bilderbucheltern nachgedacht. Es gibt da etwas, worüber ich nicht so gerne spreche, weil wir uns sonst so prima verstehen. Es gibt nur einen Punkt, worüber wir manchmal streiten."

„Gelegentlicher Streit ist normal."

„Das schon. Aber es ist kein üblicher Streit." Nach einer Pause des Zögerns fügt sie entschlossen, fast etwas trotzig hinzu: „Ich habe einfach ganz andere Interessen als meine Eltern!"

Als ich mich näher danach erkundige, stellt sich heraus, dass Janine lieber liest als Sport zu treiben und zu wandern, wozu ihre Eltern sie immer auffordern, und dass sie vor zwei Jahren durchgesetzt hat, dass sie Geigenunterricht nehmen darf, was die Eltern offenbar nervt, weil sie „völlig unmusikalisch" seien.

„Aber das Schlimmste ist", Janine hatte sich jetzt in Rage geredet, „dass sie völlig unpolitisch sind."

„Jeder Mensch hat andere Interessen. Was ist daran so schlimm?", frage ich abschwächend, um nicht vorzeitig für Janine Partei zu ergreifen, was sie vermutlich eher skeptisch gemacht hätte. Mein Ziel war, dass sie aus eigener Kraft und Überzeugung zu ihren Interessen stehen lernte.

„Ich sehe, Sie würden sich mit meinen Eltern prima verstehen", erwidert sie resigniert.

Ich überging diese Übertragungsäußerung und fragte konkret: „Was verstehst du unter ‚politisch'?"

Nicht ganz unerwartet fing Janine an zu weinen. Wie sollte sie vor einem Erwachsenen rational begründen, was an Gefühlen von Erschrecken, Entsetzen, Ohnmacht, Hilflosigkeit, Zorn, Wut, Mitgefühl und Mitleiden ungeordnet in ihr herumtobten?

Ich legte ihr die Hand auf die Schulter und sagte: „Du brauchst mir nicht zu antworten. Vielleicht haben wir aber mit dem schwierigen Thema Politik einen ersten Schlüssel gefunden, um deinen momentanen Zustand zu verstehen."

Ich kürze hier den Fallbericht ab. Janine hatte kurz nach dem Übergang aufs Gymnasium eine Freundin gefunden, die aktiv in einem Greenteam, einer Jugendgruppe von Greenpeace, engagiert war. Damit tat sich für sie eine völlig neue Welt auf. Begeistert beteiligte sie sich an den vielfältigen Aktivitäten der Gruppe, nahm an mehreren Freizeiten teil, in denen über Umweltprobleme und andere politische

Fragen diskutiert wurde, verschlang immer mehr Zeitschriften und Bücher über ökologische Themen und begann, regelmäßig die Tagesschau und Umweltreporte im Fernsehen zu verfolgen. Dabei häufte sie eine Menge an Faktenwissen an, aber die Zusammenhänge wurden für sie immer verworrener und undurchschaubarer. Janine und ihre Freundin wurden in der Klasse wegen ihres Umwelteifers und des Versuchs, die anderen für die Sache zu gewinnen, zunehmend isoliert. Auch die Eltern reagierten ablehnend, als sie merkten, wie sehr ihre Tochter von ihrem Engagement überwältigt wurde und langsam in ein stilles Leiden hineinglitt.

Nach diesen Ergänzungen war es nun nicht mehr schwer, zu verstehen, warum Janine in ein Loch aus Sprachlosigkeit, Depression, Angst, Kontaktstörungen und Leistungsabfall versunken war. Alle diese Symptome waren nicht krankhafter Natur, sondern natürliche Notfallreaktionen auf die psychische Überschwemmung mit Bildern des Schreckens, denen gegenüber das unreife Ich der Jugendlichen noch nicht über die notwendigen Abwehrstrategien verfügte. Dass ihr auch von der näheren Umwelt die notwendige Unterstützung entzogen wurde, musste das Ich noch hilfloser machen. Entwicklungspsychologisch deutete die Krise auf ein hoch ausdifferenziertes, wenn auch altersbedingt noch labiles Wertesystem bei dem sensiblen jungen Mädchen hin.

Offenbar war es den Eltern durch ihre eigene seelische Stabilität, durch die Verlässlichkeit ihrer Partnerschaft, durch die frühe Anwesenheit der Mutter und die elterliche Liebe gelungen, bei ihrer Tochter ein starkes Gefühl des Selbst-Wertes zu erzeugen. Darauf aufbauend entwickelte Janine ein hohes Ich-Ideal mit einem kulturellen, künstlerischen und vor allem sozialen Wertekanon. In ihn flossen nicht nur eigene Begabungsteile ein; er ließ auch deutlich den Abgrenzungserfolg gegenüber den Eltern auf dem Weg zu einer eigenen Identität erkennen. Und schließlich wies das Über-Ich von Janine darauf hin, dass in ihm ein breites Spektrum prosozialer Werte verinnerlicht waren, die es als kategorische Handlungsgebote an das Ich weitergab.

Nach 30 Behandlungsstunden, verteilt über ein Jahr, hatte Janine ihre Pubertätskrise überwunden. Sie konnte das asketische, für die Pubertät charakteristische Überengagement in ihrem Greenteam und ihre einseitige Lektüre und Informationswut zurückschrauben und die Grenzen ihres Handelns genauer bestimmen. Durch ihre ersten sexuellen Erfahrungen in diesem Jahr wurde der Anspruch des Über-Ich zu Gunsten eines größeren Triebeinschubs reduziert. Janine lernte, ihr Anliegen in der Klasse und bei den Eltern deutlicher zu artikulieren, ohne diese um jeden Preis von der Richtigkeit ihrer Ansichten überzeugen zu müssen. Dadurch wurde auch deren Widerstand geringer. In der Klasse fand sie mehr Anerkennung, und die Eltern traten mehreren Umwelt- und Menschenrechtsgruppen als Fördermitglieder bei, nachdem sie sich auf lange Gespräche mit der Tochter eingelassen hatten.

Als Janine zur letzten Stunde in der Tür erschien, erkannte ich sie kaum wieder. Die Maske grauer Eintönigkeit war gefallen. Statt dessen hatte sie sich „schicke Klamotten" angezogen, trug eine hübsche Kette und war leicht geschminkt. „Da staunen Sie", lachte sie, als sie meine überraschte Freude bemerkte. „Ich kann auch anders", sagte sie selbstbewusst. Die Erweiterung ihrer Identität als heranwachsende Frau durch die lustbetonte Einbeziehung ihres Körpers stellte die Einheit von Selbst-Wert, Ich-Ideal und Über-Ich als die drei wichtigsten Grundpfeiler eines stabilen Wertgefüges endgültig her.

Vom Scheitern dieser Einheit erzählt die Behandlung eines knapp achtzehnjährigen Jugendlichen.

3. „Das mit der Körperverletzung war Scheiße": Thomas (Fallbeispiel)

Thomas' Vorgeschichte erfuhr ich von seiner Mutter, die dringend um ein Gespräch gebeten hatte. Frau H. ist eine gut aussehende, elegant gekleidete Frau Mitte vierzig, die eine eigene Boutique betreibt. Sie wirkt nervös und hektisch und überschüttet mich mit einem Wortschwall, bei dem es mir nur mit Mühe gelingt, durch kurze Zwischenfragen einen roten Faden zu finden. Sie könne ihren Sohn nicht mehr ertragen, hasse ihn regelrecht; er behandele sie wie Dreck; ihr sei es jetzt egal, was aus ihm werde.

Frau H. lebt seit der Geburt des einzigen Sohnes allein mit ihm in einer geräumigen Eigentumswohnung. Thomas war ein „Unglücksfall" während einer heftigen Affäre. Sie trennte sich noch während der Schwangerschaft von dem Mann, der später ins Ausland ging und den Thomas nie kennen gelernt hat. Selbstkritisch merkt Frau H. an, sie sei nie eine gute Mutter gewesen, sei lieber im Pelzmantel und Porsche durch die Gegend gerauscht, als es ihr finanziell noch besser ging. Damals besaß sie drei Boutiquen, war viel unterwegs, oft auch im Ausland, und ließ ihren Sohn häufig allein. Sie müsse gestehen, dass sie seit der Geburt nie besonders zärtliche Gefühle für ihn empfunden, ihn kaum jemals in den Arm genommen habe; im Gegenteil habe sie ihn schon bei nichtigen Anlässen geschlagen, „ganz schön heftig", wie sie meint, wenn ihr Temperament mit ihr durchgegangen sei. Sie sei überhaupt nicht zur Liebe fähig. Nach zahlreichen Affären vor Thomas Geburt habe sie danach kaum noch Männer gehabt. „Seit Jahren lebe ich ohne Mann, ich will auch keinen mehr."

An dieser Stelle unterbreche ich sie und frage nach Thomas jetziger Situation und warum sie das Gespräch wolle. „Er muss in eine Therapie, sonst ist alles aus", sagt sie. Nach mehreren Einbruchdiebstählen und wegen schwerer Körperverletzung sei er gerade zu einem Jahr Jugendgefängnis auf Bewährung verurteilt worden. Seine kriminelle Entwicklung habe schon seit dem zwölften Lebensjahr begonnen, damals mit Schuleschwänzen und Ladendiebstählen. Thomas besuche zur Zeit nach mehrfachem Sitzenbleiben auf Vermittlung des Jugendamtes eine Fördereinrichtung mit praktischer Anleitung und der Möglichkeit zum Schulabschluss mit mittlerer Reife. Auch hier schwänze er oft. „Wenn er das bis Herbst nicht schafft, sitzt er endgültig auf der Straße. Mit seiner Vergangenheit bekommt er nirgendwo einen Ausbildungsplatz."

Thomas ist ein großer, kräftig gebauter und recht attraktiver junger Mann, der in sehr gepflegter und teurer Kleidung zum ersten Gespräch kommt. Seine Höflichkeit überrascht mich. „Darf ich rauchen?" Ich konfrontiere ihn mit dem Bericht seiner Mutter und frage, was er selbst dazu meine.

„Meine Mutter spinnt. Sie regt sich immer sofort über alles auf, quatscht mich voll, macht mir Vorwürfe; ich kann sie nicht mehr ertragen. Ich muss da raus, aber das kann ich zur Zeit noch nicht."

Ob es denn nicht stimme, was sie erzählt habe?

„Ja, schon, so ungefähr, aber sie soll mich in Ruhe lassen, dann werde ich es auch alleine schaffen."

Freimütig räumt er ein, dass die Mutter und die Polizei keine Ahnung hätten, was er alles „für Dinger gedreht" habe, vom jahrelangen Kreditkartendiebstahl und -betrug bis zum Dealen mit Drogen. „Das mit der Körperverletzung war Scheiße. Ich habe schon viele Schlägereien gehabt, wenn jemand mich schief anglotzte, aber das jetzt mit dem Messer, das war zu viel, das hätte schief gehen können. Das war der letzte Warnschuss. Ich höre mit allem auf und werde mich nur noch auf meine Ausbildung konzentrieren."

Zu seiner eigenen Therapiemotivation gefragt, sagte er: „Ich will herausfinden, warum ich immer so schnell reizbar bin und so gewalttätig reagiere. Das kann ja mal ins Auge gehen. Beim nächsten Mal lande ich wirklich im Knast."

Zur zweiten Stunde erscheint Thomas nicht. In der dritten Stunde erklärt er, dass er das letzte Mal wegen einer „wichtigen Verabredung" nicht konnte. „Wichtiger als die Therapie? Sie hätten doch kurz anrufen können, Sie haben doch ein Handy." „Nein, daran habe ich nicht gedacht, auf der Fete ging alles drunter und drüber."

In dieser Stunde wurde an vielen Einzelbeispielen die durchgehende Haltung von Thomas deutlich, die Verantwortung und Schuld für eigenes Versagen anderen in die Schuhe zu schieben: der Mutter, den Lehrern, seinem jetzigen Anleiter, Freunden, Mädchen – und sogar der Junge, den er mit dem Messer verletzt hatte, war daran „selbst schuld".

Thomas erschien noch zu zwei weiteren Therapiestunden, in denen ich versuchte, ihn an sein untergründiges Leiden heranzuführen, zum Beispiel an die frühen Erfahrungen mit seiner Mutter und an sein vaterloses Schicksal. Aber er war unfähig, sich mit irgendwelchen schmerzhaften Erinnerungen und Gefühlen auseinanderzusetzen. Die Erlebnisse mit der Mutter waren für ihn „Vergangenheit", es zählte nur ihr jetziges Zerwürfnis. Den Vater habe er nie vermisst. „Ich habe es ja nicht anders gekannt." Es interessiere ihn auch nicht, wer und wo er sei.

Inzwischen war ihm in der Fördereinrichtung gekündigt worden, weil er mehrfach Anordnungen seiner Anleiter verweigert hatte. Wir überlegten gemeinsam, wie er durch eine Entschuldigung die Kündigung rückgängig machen könne. Ihm sei doch klar, welche Katastrophe das für ihn bedeute.

Nach dieser Stunde ist Thomas nicht mehr erschienen. Auch die Mutter hat sich nicht mehr gemeldet. Ein Ausgang, der den Therapeuten mit schlimmsten Befürchtungen zurücklässt.

Wie sieht unter entwicklungspsychologischen Gesichtspunkten das Wertesystem von Thomas aus? Nach den vorausgeschickten Überlegungen und der kurzen Fallskizze ist leicht verständlich, inwiefern der Junge schon ab der Geburt unfähig gemacht wurde, das Gefühl eines Selbst-Wertes in sich aufzubauen. Die liebes- und beziehungsunfähige Mutter hat (wie auch immer das in ihrer eigenen Lebensgeschichte begründet ist), ihr Kind nie narzisstisch spiegeln können; im Gegenteil wurde durch ihre latente Ablehnung und untergründige Aggression die notwendige Mutter-Kind-Einheit, so ist zu vermuten, bereits mit der Geburt zerstört. Da zudem ein Vater fehlte, der unter günstigen Bedingungen durch die frühe Triangulierung negative Einflüsse der Mutter hätte ausgleichen und abpuffern können, konnte das Kind weder sein Körper-Selbst noch sein psychisches Selbst positiv besetzen. Damit war er seiner archaischen Wut auf die sich ihm versagende Mutter hilflos ausgeliefert, wodurch deren Abwertung und Verfolgung des Kindes noch zunahm. Diese tragische Zirkelbildung, die sich noch heute in dem dramatischen Mutter-Sohn-Konflikt überdeutlich abzeichnet, verhinderte schließlich jede für die Ich-Ideal-Bildung notwendige Idealisierung und positive Identifizierung mit der Mutter. Dagegen deutet vieles darauf hin, dass Thomas in dem entwicklungspsychologisch primitiven Stadium der Nachahmung stecken blieb, wobei er besonders die negativen, nicht mit Anstrengung und Verzicht verbundenen Seiten der Mutter nachahmt: die Unverbindlichkeit und die Flucht aus Beziehungen, die aggressive Konfliktlösung, das schnelle Geld, der schöne Schein.

In den Stunden, in denen ich Thomas kennen lernte, habe ich an keiner Stelle gespürt, dass er über ein höher entwickeltes Ich-Ideal verfügt hätte, das für sich selbst oder die Umwelt irgendwelche Werte vertreten hätte. So hatte er zum Beispiel keinerlei Berufsvorstellungen und lebte orientierungslos in die Zeit hinein.

Auch das absolute Defizit in der Ich-Ideal-Bildung ist nicht der Mutter allein anzulasten. Wäre ein Vater oder wenigstens ein verlässlicher Ersatzvater verfügbar gewesen, wäre es im Verlauf der kindlichen und besonders der pubertären Entwicklung sicher zu einer spezifisch männlich akzentuierten Identifizierung gekommen, die ein positiveres Ich-Ideal begründet hätte.

Ohne Selbst-Wert und ohne Ich-Ideal, so sahen wir, kann es auch nicht zur Entwicklung eines stabilen Über-Ich kommen, das heißt zur Bereitschaft, die durch Eltern und Gesellschaft vertretenen Normen und Werte zu verinnerlichen. Thomas verfügt mit seinen achtzehn Jahren über nahezu kein Unrechtsbewusstsein und projiziert auftretende Schuldgefühle reflexhaft nach außen. Sein rudimentäres Über-Ich hat nie eine wirksame Kontrollfunktion über seine Triebkräfte ausüben können. Die verwilderte Grundeinstellung und der schnelle Verlust der Impulskontrolle über seine „mörderische" Aggression weisen eher darauf hin, dass er schon im frühesten Entwicklungsstadium beim zweiten Schritt der Wertkodierung in „gut" und „böse" das Böse stärker erfahren und zu einer inneren und äußeren Haltung umgebaut hat. Da das Über-Ich zu schwach ist, könnten allenfalls noch Außenkräfte, die in seiner Kindheit gefehlt haben, als steuernde Instanzen eingreifen – in Thomas' Situation zum Beispiel die höchste Strafe des Gerichts, der Knast.

Wichtig erscheint mir noch folgende Ergänzung. Thomas hat zwei Anlagen mitbekommen, Werte, um die ihn viele beneiden würden: seine hohe Intelligenz und sein gutes Aussehen. Die naheliegende Annahme, dass zwei so stark ausgeprägte Vorzüge vieles von den seelischen Verletzungen kompensieren und zur Entwicklung halbwegs stabiler innerer Strukturen beitragen könnten, erweist sich bei ihm angesichts der schweren Traumatisierung als falsch. Beide Eigenschaften finden sich sehr häufig bei Hochstaplernaturen gepaart, die erst dank dieser Merkmale lange Zeit unerkannt ihr skrupelloses Spiel mit anderen treiben können. Für Thomas – auch er ein Hochstapler – wurden diese Eigenschaften zum Verhängnis, weil sich die Umwelt viel zu lange von ihnen täuschen ließ, wodurch eine frühere Hilfe unterblieb.

4. Die Bedeutung der Pubertät

Die bisherigen entwicklungspsychologischen Überlegungen und die beiden Fallstudien könnten den Eindruck erwecken, als sei die Familie der ausschließliche Ort, an dem Wertesysteme etabliert werden. Sicher spielt sie, speziell in der frühesten Kindheit, eine entscheidende Rolle, weil die Eltern als die elementaren Bindungspersonen den tiefsten Einfluss auf die seelische Strukturbildung und somit auf die Verinnerlichung von Werten nehmen. Diese Regel wurde jedoch besonders von der Psychoanalyse lange Zeit überschätzt. Krippen, Kindergärten, Horte, Vorschulen und Schulen (zum Teil als Ganztagsschulen) haben immer mehr erzieherische Aufgaben übernommen, zum Teil bereits in der Phase der frühen Kindheit. Hier erhält die Gruppe enorme Bedeutung. Die Gruppe der Gleichaltrigen fördert die wechselseitige Identifikation und die Verinnerlichung eines Gruppen-Ichs, wodurch bei jedem Kind individuelle und soziale Wertnormen geschaffen werden, die das familiäre Wertesystem modifizieren und erweitern. Hiermit werden schon im frühen Alter Schritte der Ablösung vom Elternhaus vorbereitet, die in der Pubertät ihren Höhepunkt erreicht.

Entwicklungspsychologisch zeichnet sich die Pubertät durch eben diesen dramatischen Ablösungskampf aus. Es ist das Ringen um Abgrenzung und Individuation auf der Suche nach einer eigenen Identität. Das in der Kindheit durch Identifikation und Idealisierung übernommene Wertesystem der Eltern muss zunächst in Frage gestellt und durch eigene Werte ersetzt werden, wenn der Jugendliche nicht bloßes Abbild bleiben, sondern eine eigene Persönlichkeit ausbilden will. Hier liegt der Kernkonflikt der pubertären Entwicklungsphase, der in der Regel die von Erikson ausführlich beschriebene „Identitätskrise" auslöst. Wenn das alte Weltbild verworfen wird, welches neue bietet sich an, das Halt und Orientierung bietet? In einer neoliberalen Gesellschaft ohne genügend feste und verbindliche Strukturen und mit beliebig gewordenen Freiheiten haben es Jugendliche schwer, Leitbilder für ihren eigenen Identitätsaufbau zu finden.

Zu dieser Schwierigkeit kommen in der Pubertät die gewaltigen physischen Veränderungen hinzu. Mit dem Erreichen der Geschlechtsreife werden hormonell bedingte Triebkräfte freigesetzt, die völlig neue Anforderungen an die steuernden Funktionen des Ich-Ideals, des Ichs und des Über-Ichs stellen. Die Instanzen müssen umorganisiert werden, um die hohe Triebenergie als produktive Kraft zulassen und integrieren zu können. Damit wird das bisherige Wertesystem nicht nur aufgelockert, sondern um den nichtideellen, triebhaften Wert der Sexualität erweitert. Dass die Sexualität als „die schönste Sache der Welt" in unserer modernen Gesellschaft einen Wert von höchster Priorität darstellt, zählt zweifellos zu den großen Fortschritten des allgemeinen Wertewandels.

Für Jugendliche ist sie zunächst irritierend, weil sie das Kind endgültig zur Frau oder zum Mann verwandelt und die Grundlage für die jetzt definitiv erfahrene Geschlechtsidentität bildet. Wie verunsichernd der Wandlungsvorgang für viele Pubertierende ist und wie sehr er die Identitätskrise verstärken kann, ist an den gehäuften psychischen und psychosomatischen Erkrankungen in diesem Alter ablesbar, allen voran der Anorexia nervosa und der Bulimie. Psychodynamisch steht bei ihnen die Verweigerung der Annahme der Geschlechterrolle im Vordergrund. Beide Erkrankungen treten fast ausschließlich bei Mädchen auf, die grundsätzlich zu einer stärkeren Verarbeitung ihrer Konflikte nach innen neigen, während Jungen eher nach außen hin agieren. Janine und Thomas sind dafür zwei anschauliche Beispiele.

Wie werden Jugendliche entwicklungspsychologisch mit dem Problem ihrer Identitätssuche und der Umstrukturierung ihres Wertesystems fertig? Zunächst löst die Krise den Protest gegen alles Bestehende aus, sei es familiär oder gesellschaftlich. Er kann in verschiedenen Formen radikalisiert werden, wie wir es besonders in Cliquen, Gangs und politisch oder religiös fanatischen Gruppierungen beobachten können. Harmloser drückt sich der Protest in unterschiedlichen Jugendkulturen mit ihren schrillen Moden aus – von der Kleidung, der Verballhornung der Sprache, dem zum Teil selbstdestruktiven Körperkult bis hin zu der Bewusstseinsvernebelung durch ekstatischen Tanz, Musik und dem dosierten Umgang mit Drogen. Inhaltlich geht es hierbei nicht wie bei der radikalen Protestjugend um Antiwerte, sondern um Übergangsrituale mit bunt schillernden Wertemasken. Einerseits verbergen sich hinter ihnen – bei aller karikaturistischen Verzerrung – die tradierten Werte, die innerlich weiter wirksam sind; andererseits zielen die Übergangsrituale durch die kreative Umwertung der Werte innovativ den Weg zur eigenen Identität an.

Eine höher entwickelte Form des Protestes, die ernst zu nehmende Antithese zur gesellschaftlichen Realität, demonstriert der Teil der Jugend, der den wirklichen Widerspruch zum Bestehenden auf der Suche nach neuen Werten bzw. nach der Verwirklichung nur behaupteter Werte vorantreibt. Am stärksten wird er von politisch aktiven Jugendgruppen in den Parteien, von Jugendlichen in der Ökologie-, Friedens-, Menschenrechts- und neuerdings in der Antiglobalisierungsbewegung repräsentiert oder von religiösen Jugendgruppen, die sich zum Teil auf den Großveranstaltungen der Kirchentage zusammenschließen. Janine mit ihren Wertekonflikten und ihrem untergründigen Protest bildet ein typisches Beispiel für diesen Teil der Jugend.

Protest und Widerstand der Jugend als Vorphase zur Festigung einer eigenen Identität gab es bekanntlich in allen Zeiten in kreativer Vielfalt. Die Provokation ist gelungen, wenn sich die Erwachsenenwelt verunsichert und empört zugleich zeigt, mit Ängsten reagiert und den Untergang der abendländischen Wertekultur befürchtet. Auf solche Reaktionen nach dem Motto „Macht kaputt, was euch kaputt macht" war früher Verlass, sie gehörten mit zur Inszenierung. Abgesehen von dem radikalen Teil der Jugend, dessen blinde Wut und Gewalt sich gegen Sachen und Personen richten und die eingrenzende Maßnahmen von Seiten der Gesellschaft geradezu herausfordern, drücken alle anderen Formen des Protestes die entwicklungspsychologisch notwendige Kraft aus, die Jugendliche nach den langen Jahren der Obhut und Beeinflussung brauchen, um sich vom Elternhaus abzulösen. Ohne Protest würden sie die Chance zu einer authentischen Persönlichkeit verpassen. Die Gefahr, dass der Protest ohne Widerhall verpufft, ist weit größer. Die therapeutische und die Alltagserfahrung zeigen, dass Jugendliche, die keine Resonanz auf ihren Protest finden oder die das Proteststadium überspringen, weil sie den Widerstand nicht gewagt haben oder nicht wagen durften, ihn erst im späteren Leben und dann meist mit viel schlimmeren

Folgen nachholen; andere gleiten in eine Form der Anpassung und Identitätslosigkeit hinein, auf die sie mit Krankheit reagieren oder die sie zum Objekt der beliebigen Ausbeutung durch andere macht.

Wenn gemeinhin beim Jugendprotest von einer „zweiten Trotzphase" gesprochen wird, ist dies entwicklungspsychologisch zwar richtig. Auch in der „ersten Trotzphase" geht es um den Kampf für Abgrenzung und Autonomie. Dennoch erscheint mir der Begriff unpassend, weil er das Gewicht des Jugendprotestes verniedlicht. Der Jugendprotest ist eine Form der praktischen Umsetzung des Widerstandsrechts, das in einer Demokratie jedem Bürger verfassungsmäßig garantiert wird und das einen eminenten Fortschritt im Wertekanon einer zivilisierten Gesellschaft bedeutet.

Vergleicht man frühere Reaktionen auf jedwede Form von Jugendprotest mit den heutigen, dann sieht man, dass ihm heute drei Gefahren drohen. Erstens ist im Zeitalter entgrenzter Individualisierung und Pluralisierung in der Spaß- und Unterhaltungsgesellschaft nahezu alles erlaubt, soweit es nicht die Grundregeln des Zusammenlebens gefährdet. Heute regt sich keiner mehr auf über Tattoos und Pearcing oder Rastalocken, über exotische Love-Parades und Christopher-Street-Days, über Raver, Skater, Girlies, Grufties, Drags oder die karnevalistischen Dress-Codes der Tausendschaften von Fußballfans, über obszöne Teenie-Talkshows und Handy-Kult, über die frühe und oftmals polygame bis promiskuitive Sexualität von Jugendlichen. Im Rahmen solcher Selbstinszenierungen schafft sich jeder sein persönliches Label.

Die Jugend genießt zwar die fast grenzenlose Liberalisierung der Sitten und Gebräuche, aber der Protestcharakter geht dabei völlig verloren. Wo es keine Grenzen mehr gibt, gibt es auch keine Reibung, keinen Konflikt. Die heute zu beobachtende lange Anhänglichkeit und Abhängigkeit vieler Jugendlicher vom Elternhaus ist Ausdruck mangelnder Abgrenzungsfähigkeit, wodurch die Identitätsfindung erheblich verzögert wird.

Die zweite Gefahr steht in enger Beziehung zur ersten. Der Jugendwahn der Erwachsenenwelt partizipiert geradezu lustvoll an der scheinbaren Leichtigkeit jugendlicher Lebensstile und passt sich ihren Moden chamäleonartig an. Damit verleugnen Erwachsene ihre verantwortliche Rolle als Vorbild und Autorität. Selbst vor die Aufgabe gestellt, selbstständig zu werden, stehen Jugendliche plötzlich vor einem Vakuum, einem Fehlen erwachsener Leitbilder, an denen sie ihre Identität und ihr neues Wertsystem orientieren könnten. In dieser Glorifizierung und Nachahmung der Jugend liegt eine Rollenumkehr, die sich als Verrat an deren notwendiger Eigenständigkeit erweist.

Eine dritte Gefahr ist darin zu sehen, dass eine auf diese Weise flexibilisierte Erwachsenenwelt jeden Widerstand überflüssig macht. Dazu tragen auch die anonymen Machtstrukturen innerhalb des gesellschaftlichen Systems bei, an denen jeder gezielte Protest abprallt. Als Folge entwickeln sich Anpassungsmechanismen, die ein reibungsloses Funktionieren gemäß den Werteerwartungen der Gesellschaft garantieren. So wird der Protest durch Konformität ersetzt und der Aufbruch zu neuen Werteufern blockiert. Der Verzicht auf Protest bedeutet langfristig den Verzicht auf eine autonome Persönlichkeit. Vielleicht nehmen Autonomie und Selbstverwirklichung in den Werteskalen der Jugendlichen einen so hohen Rangplatz ein, weil sie sich in Wirklichkeit meilenweit davon entfernt fühlen.

Lässt man die drei Bedenken beiseite, so besteht die letzte entwicklungspsychologische Aufgabe des Jugendlichen darin, nach Überwindung der Protestphase seinen bis dahin gestalteten Selbstentwurf und seine Identitätsvorstellungen durch die Identifikation mit außerfamiliären Vorbildern und

Weltanschauungen zu festigen. Das setzt die verinnerlichten familiären Wertnormen nicht außer Kraft, erweitert sie aber altersgemäß in Richtung erwachsener Zukunftsaufgaben. Je nach eigenen Anlagen und Begabungen begibt sich der Jugendliche dazu auf die Suche nach überzeugenden Leitfiguren, mit denen er sich nochmals, wie einst mit den Eltern, stark identifizieren kann. Für den inzwischen Heranwachsenden haben die Popstars ausgedient. Jetzt sind männliche oder weibliche Lehrer, Ausbilder, Sportler, Professoren, Künstler, Wissenschaftler, Manager, Politiker oder Personen des nahen Umfeldes gefragt, die über ein Charisma verfügen. Es sind Menschen mit einer authentischen Persönlichkeit, die ihre jeweilige Tätigkeit mit Engagement und Begeisterung vertreten und durch die Qualität ihrer Arbeit und ihre menschliche Integrität Jugendliche mitreißen können.

Die inspirierende Kraft zu erleben, die von der Ausstrahlung solcher Menschen ausgeht, gehört zu den besonders beglückenden Erfahrungen. Sie kann die Weiterentwicklung des Jugendlichen geradezu explosiv vorantreiben und Fähigkeiten in ihm wecken, zu denen er sich vorher nie in der Lage sah. Auf diese Weise wächst sein Selbstvertrauen. Die Entwicklung zu einer eigenen Identität ist erst abgeschlossen, wenn unter dem Einfluss einer fördernden Umwelt das persönliche Potential an Neigungen und Fertigkeiten voll entfaltet ist. Dann hat sich die angestrebte Einheit von Selbst-Wert, Ich-Ideal und Über-Ich nach allen durchstandenen Krisen verwirklicht und das Wertesystem eine stabile Form gefunden.

IV. Wo Werte verraten werden

1. Was sind Grundwerte?

Die Darstellung der Entwicklungspsychologie des Wertesystems ging vom Ideal einer gelungenen Sozialisation aus. Dabei wurde die Pubertät mit all ihren Krisen als eine Zeit deutlich, in der die eigentliche Aufgabe darin besteht, die ersten Schritte zur selbstverantwortlichen und schöpferischen Gestaltung des eigenen Lebens zu tun. Dies kann nur gelingen, wenn das Selbstbewusstsein (als Bewusstsein von den persönlichen Möglichkeiten des Jugendlichen) stark genug ausgeprägt ist und die Zukunft ausreichende Chancen für ein sinnerfülltes Leben bereithält. Dabei stellt die Einlösung von Werten ein entscheidendes Regulativ der wechselseitigen Beziehung zwischen Individuum und Gesellschaft dar. In der Logik der bisherigen Überlegungen lautet daher der Verdacht, dass der Wertewandel unserer Zeit einen gravierenden Werteverrat an der Jugend mit sich gebracht hat, weil viele propagierte Werte von der gesellschaftlichen Entwicklung konterkariert und damit praktisch außer Kraft gesetzt werden. Damit sich die Überlegungen nicht im weit verzweigten Labyrinth menschlicher Werte verlieren, stehen im Folgenden die Grundwerte im Vordergrund.

Was sind Grundwerte? Ich zitiere (in einer gekürzten Fassung) die Definition des Brockhaus: „Grundwerte sind jene absoluten Werte, die die Humanität des Menschen begründen: Freiheit, Leben und Würde der Person. Diese Grundwerte gelten als das Fundament aller Individual- und Sozialwerte und werden zugleich als Grundnormen jeglichen zwischenmenschlichen Verhaltens aufgefasst. Sie sind in allen Menschenrechtserklärungen enthalten, in denen sie ebenso wie im Grundgesetz der Bundesrepublik Deutschland als Grundrechte formuliert sind."

Die wichtigsten Artikel des Grundgesetzes zur Wertefrage garantieren dem Einzelnen folgende Grundrechte: Würde, Freiheit, Selbstbestimmung, Gerechtigkeit, Gleichheit vor dem Gesetz und freie Berufswahl. Aus der Französischen Revolution stammt der Wertebegriff der „Brüderlichkeit" (der im deutschen Grundgesetz nicht vorkommt), der in der heutigen Wertediskussion unter den abgewandelten Begriffen „Solidarität", „Verantwortung" und „Toleranz" eine wichtige Rolle spielt. Sie erweitern den Wertekanon der Rechte um die Dimension der Wertepflichten.

Ein amüsantes Beispiel für das Schwinden dieser Wertedimension beschreibt Ulrich Wickert in seinem erfrischend kritischen Essay *Der Ehrliche ist der Dumme* mit dem Untertitel *Über den Verlust der Werte*: „Vier kleine Zeichnungen, gedruckt in den wichtigsten Tageszeitungen der USA, zeigen einen Schüler, der so denkt, wie es einem westlichen Land entspricht, in dem die gesellschaftlichen Werte durcheinandergeraten sind. In dem Comicstrip von ‚Calvin und Hobbes' geht ein Erstklässler zu einer Lehrerin, hält ihr ein Stück Papier hin und sagt im ersten Bild: ‚Miss Wormwood, ich möchte, dass Sie diesen Vertrag unterzeichnen.' Im zweiten Bild erklärt der Schüler: ‚Es ist eine Vereinbarung, wonach Sie mir einen Ausgleich für jeden Verdienstausfall zahlen, den ich als Erwachsener wegen schlechter Volksschulerziehung erleiden könnte.' Drittes Bild: Die Lehrerin beugt sich vor und weist mit dem Zeigefinger auf den Knaben. ‚Wenn du nichts lernst, liegt es an deiner Faulheit, nicht an mir. Geh zurück auf deinen Platz!' Im vierten Bild sitzt der Knabe zornig auf seinem Stuhl, stiert auf das Pult und meint: ‚By Golly, irgend jemand muss doch zahlen, wenn ich nichts lerne.'"[11]

In diesem Beispiel versinnbildlicht der Junge kindlichen Trotz und kindliche Revolte in Form passiver Erwartungshaltungen, für die es in Bezug auf die Jugend viele assoziative Zuschreibungen gibt: die hedonistische Amüsierjugend, unersättlich in ihrem Reizhunger, ihrer Konsumorientiertheit, ihrer Anspruchlichkeit und Nimm-Mentalität, ihrem Wohlstands- und Versorgungsdenken. Tatsächlich verrät der Comic-Junge neben seinen gesellschaftlichen Wertepflichten seine persönlichen Werte, durch die er erst seine Würde als Werdender, d.h. als sich selbst bestimmender Mensch gewinnen könnte. Dieser Satz drückt den Zusammenhang von „werden", „Wert" und „Würde" aus, der nicht nur etymologisch nachgewiesen, sondern auch in der Sache sinnvoll ist. Anders formuliert: Würde erreicht man erst durch das, was man in Erfüllung individueller und sozialer Werte werden konnte. Wenn der zitierte Junge so weitermacht, wird er es nie dahin bringen.

Ich habe an anderer Stelle die Behandlung eines zwanzigjährigen Oberschülers unter dem Aspekt der Vaterentbehrung, also eines traumatischen Einbruchs in das familiäre Wertegefüge während der Adoleszenz, ausführlicher beschrieben.[12] Detlef lebte seit seinem vierzehnten Lebensjahr in einer Stieffamilie, war in der Oberstufe zweimal sitzen geblieben, wollte, seiner Herkunft entsprechend, dringend Abitur machen, schwänzte aber chronisch die Schule und litt unter völliger Motivations- und Antriebslosigkeit, Konzentrationsstörungen und Depressionen. Erst in der zweiten Behandlungsstunde stellte sich ein chronischer Haschischmissbrauch heraus. Ich konfrontierte ihn daraufhin mit einigen Therapiebedingungen, die er einsah, aber nicht einhielt. Die

Behandlung endete deswegen in der neunten Stunde mit einem Rausschmiss – dem ersten in meiner bisherigen Berufspraxis –, den der Patient wie einen Schock erlebte. Durch Zufall erfuhr ich eineinhalb Jahre später, dass Detlef vor kurzem Abitur gemacht, seinen Haschischkonsum eingestellt und noch weitere von meinen Auflagen erfüllt hatte, inzwischen studierte und psychisch einen stabilen und gereiften Eindruck machte.

Ein solches Risiko kann man nur gut begründet eingehen. Das Beispiel lässt trotz der nur wenigen Andeutungen die komplexen Zusammenhänge des vorliegenden Themas ausreichend ahnen. Auch Detlef war in der Gefahr, seinen eigenen Wertekosmos zu verraten und damit seinen Einstieg in die Normenstruktur der Erwachsenenwelt zu blockieren. Ohne die klare Grenze, die ich mit dem Rausschmiss gesetzt hatte und die ihn auf seine eigenen steuernden Instanzen und verinnerlichten Werte zurückverwies, hätte er sich möglicherweise nicht so schnell wieder stabilisieren können.

Die beiden Beispiele zum Thema Selbstverantwortung sollten nicht von der Leitfrage nach dem Werteverrat der Gesellschaft an der Jugend ablenken. Dazu ist daran zu erinnern, dass Werte historisch gewachsene und sich historisch verändernde Normen einer Gesellschaft sind, die über Vor- und Leitbilder durch Identifikation an die nachwachsende Generation vermittelt und bei dieser zu inneren Wertmustern umgebaut werden. Das ausführlich beschriebene Wertebewusstsein in der Jugend ist somit Spiegel gesellschaftlicher Wertsetzungen. Es sagt aber noch nichts über das Verhältnis von Anspruch und Wirklichkeit aus. Bezogen auf die Grundrechte lässt sich der offensichtliche Widerspruch zwischen beiden hauptsächlich an sechs Ursachensträngen nachweisen: 1. am Umbau der Familie, 2. an der Trias von Technik, Ökonomie und Macht, 3. an der ökologischen Bedrohung, 4. an der Überalterung der Bevölkerung, 5. an der Entfesselung medialer Kultur und 6. am Globalisierungsprojekt.

2. Der Verlust an Geborgenheit

Von der Urhorde zum Clan und zur Großfamilie – ein Jahrtausende altes Projekt familiärer Sozialisation. Mit der Industrialisierung entsteht die Kleinfamilie, die von vielen Wissenschaften, am fundiertesten von der Psychoanalyse, bis ins Detail erforscht wurde, als sei sie eine Option für die Ewigkeit. Aber nach nur knapp hundertjähriger Frist gilt sie heute in breiten Bevölkerungsschichten als Auslaufmodell. Der entscheidende Wandel setzte mit der 68er-Bewegung vor ca. dreißig Jahren ein. Die Wortneuschöpfungen seit dieser Zeit spiegeln die Verwerfungen in der Familienlandschaft plastisch wider: Fortsetzungsfamilie, Mehrelternfamilie, Wechselfamilie, Einelternfamilie, Patchworkfamilie. Entsprechend hat auch die Beziehung der Geschlechter zu einer neuen Begrifflichkeit geführt: Ehe auf Zeit, Ehe ohne Trauschein, Lebensabschnittspartner, Living-apart-together-Beziehung, Single-Gesellschaft.

In den letzten Jahren beobachten wir einen kontinuierlichen Anstieg der Scheidungen und der Trennungen unverheirateter Paare sowie eine stetige Zunahme der Zahl nichtehelich geborener Kinder und alleinerziehender Eltern, meist Mütter. Die Zahl der Kinder, die ihre Väter nur kurze Zeit oder nie kennen gelernt haben, wächst inzwischen in die Millionen. Entwicklungspsychologisch braucht ein Kind jedoch beide Eltern. Erst durch die Triangulierung kann es sich mit der Mutter und dem Vater gleichzeitig identifizieren und dabei eine „Familienrepräsentanz" verinnerlichen.[13] Nach neueren psychoanalytischen Erkenntnissen spielt diese eine bedeutende Rolle für den Aufbau des persönlichen und sozialen Ich und der Selbstidentität und trägt damit zur Festigung des Selbst-Wertes entscheidend bei.

Empirisch lässt sich leicht nachweisen, dass Scheidungs- und Trennungskinder und vor allem solche mit einem definitiven Vaterverlust mehr oder minder schwere Einbußen in ihrer Ich-Entwicklung, ihrem Selbstwertgefühl, ihrer psychosexuellen Identität und in ihrem Bindungsverhalten erleiden. Wenn in den Wertedimensionen der 13. Shell-Studie die „Familienorientierung" den dritten Rangplatz einnimmt, wird damit ein Wertebewusstsein artikuliert, das die Familie weiterhin als Fundament einer stabilen psychosozialen Entwicklung ansieht. Diese Sehnsucht hat ein Ideal im Blick. Damit geraten Jugendliche aber zwangsläufig in Widerspruch zum allgemeinen Bedeutungsverlust der traditionellen Familie. Der Widerspruch manifestiert sich bei ihnen selbst am deutlichsten darin, dass sie nach den Ergebnissen der 13. Shell-Studie dem Wert der „Treue" nur eine relative Bedeutung beimessen.

Treue gehörte in allen monogamen Kulturen seit jeher zu den obersten Werten familiärer Organisation. Auch wenn der Wert oft genug verletzt wurde, lieferten Schuld- und Schamgefühle den Beweis für seine moralische Gültigkeit. Als die 68er-Bewegung den Slogan kreierte und ihm nachlebte: „Wer dreimal mit der (oder dem) Gleichen pennt, gehört schon zum Establishment!", wurde, bei aller situativ-scherzhaften Provokation, eine sexuelle Revolution eingeleitet, die den Treuebegriff radikal enttabuisierte und nicht unwesentlich zur heutigen Situation der Geschlechterbeziehung beigetragen haben dürfte.

Auf dem Hintergrund der gewandelten sexuellen Vor- und Leitbilder in der Erwachsenengeneration wäre es sehr verwunderlich und widerspräche es auch der breiten Erfahrung, wenn die junge Generation jenseits ihres offiziellen

Bekenntnisses und sicher auch ihrer Sehnsucht nach Familienorientierung den Wert der Treue in seiner traditionellen Bedeutung konservieren würde. Sexuelle Reife und sexuelle Erfahrungen setzen heute in immer jüngerem Alter ein, und viele Jugendliche verfügen bereits mit achtzehn bis zwanzig Jahren über eine Vielzahl an Sexualerfahrungen, die selbst die ihrer Elterngeneration oft weit übertrifft.

Unsere moralische Ordnung ist durcheinander geraten. Der Verlust oder jedenfalls die Wandlung des Wertes der Treue steht in engem Zusammenhang mit anderen Grunderfahrungen der jungen Generation. Häufig wechselnde Beziehungen ihrer Eltern im Kontext alternativer Familien- oder Lebensmodelle bilden für viele Jugendliche den Rahmen ihrer Entwicklung. Damit sind Fragen der Verlässlichkeit, Geborgenheit, Zugehörigkeit, Kontinuität und Verantwortung als Basiswerte für ihren Reifungsprozess unmittelbar berührt. Die häufigen psychischen und psychosomatischen Fehlentwicklungen bei jungen Menschen, die diese Basiswerte nie oder nur unzureichend erlebt haben, sie also auch nicht verinnerlichen konnten, sind Ausdruck und Folge der mangelnden Ausbildung der seelischen Instanzen von Selbst, Ich und Über-Ich.

Auch wenn eine fürsorgliche Mutter-Vater-Kind-Beziehung kein garantiertes Grundrecht ist, so wird doch die Würde des Kindes und sein Recht auf die freie Entfaltung seiner Persönlichkeit verletzt, wenn die zu seiner Menschwerdung notwendigen Bedürfnisse in einem Maß frustriert werden, das einen stabilen Persönlichkeits- und Lebensaufbau verhindert oder unzumutbar erschwert. Und darin ist ein eindeutiger Grundwerteverrat erkennbar. Bei allen Fortschritten, die im Verhältnis der Geschlechter in den letzten Jahrzehnten erreicht werden konnten, wurde der Preis übersehen, den die Kinder dafür zu zahlen haben. In einer Zeit, in der die nachwachsende Generation das Jugend- und junge Erwachsenenalter erreicht hat, werden die Grenzen der Selbstverwirklichungs-, Befreiungs- und Emanzipationsideologie, soweit sie die Familie betreffen, erschreckend deutlich. Dadurch wird sich jedoch der beschleunigte Umbau der Familie nicht aufhalten lassen. Damit stehen wir am Beginn des neuen Jahrhunderts vor einem Dilemma, das die künftige Gestaltung unserer Zivilisation zutiefst berührt.

Nachdem alle sozialistischen Utopien und andere Experimente mit einer familienbefreiten Erziehung gescheitert sind, haben die westlichen Industrienationen mit der Umgestaltung der Familie ein Megaexperiment gestartet, das historisch absolut neuartig erscheint. Wenn von Epochenwechsel die Rede ist, drückt er sich hier vielleicht am fundamentalsten aus. Die Familie, die traditionell als Basis des Gesellschaftsaufbaus galt, zerfällt mit all ihren Brechungen in eine Vielzahl alternativer Systeme, deren Funktionieren kaum noch an verbindliche Wertnormen und Regeln gebunden ist. Sowohl die Erkenntnisse der Systemtheorie als auch diejenigen der Familientheorie erklären die geringe ökologische Stabilität solcher Systeme, die sie in menschlicher und sozialer Hinsicht besonders konfliktanfällig macht. Frau H., deren extremer Individualismus deutlich von den Strömungen der Zeit geprägt ist, und ihr Sohn Thomas bilden in der Form ihrer Kleinstfamilie ein anschauliches, wenn auch extremes Beispiel für solche Systemregeln.

Nach langjähriger Beschäftigung mit dieser Thematik habe ich den Eindruck gewonnen, dass die durch sie verursachten Probleme in der Öffentlichkeit bisher kaum in ihrer wirklichen Tragweite erkannt werden; auch in der Politik wird viel zu spät und zu zaghaft über Lösungsmöglichkeiten nachgedacht.

3. Die Anforderungen der Wirtschaft

Der Soziologe Norbert Elias hat den Prozess der Zivilisation als eine Abfolge von Ereignissen beschrieben, die zu einem Zusammenschluss kleiner, föderal organisierter Völkergruppen zu immer größeren und damit effektiveren Staatsgebilden führten. Heute werden wir Zeugen einer sprunghaften Beschleunigung dieser Entwicklung. Die Vereinigung Europas zu einem Wirtschaftsverbund ist abgeschlossen. Entsprechende Veränderungen setzen in Asien und Afrika ein. Der Kampf um die Weltmärkte hat eine neue Phase erreicht. Dafür ist der beschleunigte Ausbau der Hochtechnologie, z.B. der Biotechnik und Umwelttechnologie, von vorrangiger Bedeutung. Außerdem kurbeln die nationalen und internationalen Fusionen von Banken, Versicherungen und Industrieunternehmen den „Turbokapitalismus" weiter an und vermitteln uns ein plastisches Bild von der ungebremsten Ökonomisierung und Machtkonzentration des Marktes. Entsprechend sehen wir uns derzeit mit zunehmend raffinierteren Ausbeutungsmethoden konfrontiert, die die Schere zwischen Arm und Reich immer breiter werden lassen.[14]

Für die Jugend bedeutet diese Geld- und Wirtschaftskultur, die erst durch die technischen Revolutionen ermöglicht wurde, jedoch nichts anderes, als dass in der gleichen Geschwindigkeit, mit der die technische Entwicklung fortschreitet, ein weiterer Arbeitsmangel und ein beschleunigter Arbeitsplatzabbau stattfinden wird. In einer Welt der Maschinen und Computer wird menschliche Arbeitskraft tendenziell überflüssig. In einer euphemistischen Formulierung steuern wir auf eine Freizeitgesellschaft zu, in der immer mehr Menschen von der Arbeit „freigestellt" werden. Bei so viel Freiheit kann man sich über die Verletzung dieses Grundrechts nicht beklagen. Dieser etwas makabre Humor drängt sich auf, wenn wir bedenken, was es für einen jungen Menschen, für seine Identität und seinen Lebensentwurf bedeutet, seine Ausbildung und seinen Beruf nicht frei wählen zu können oder gar über keinen zukunftssicheren Arbeitsplatz zu verfügen.

Trotz der gewaltigen Umstrukturierungen des Arbeitssektors ist davon auszugehen, dass heranwachsende Mädchen und stärker noch Jungen auch weiterhin, was die gesellschaftliche Anerkennung betrifft, über ihre Ausbildung und ihren späteren Beruf definiert werden und sich selbst definieren. Erst ein den eigenen Wünschen und Möglichkeiten entsprechender Beruf kann den in der Kindheit erworbenen Selbstwert in eine stabile Lebensplanung einbinden.

Bereits die jetzige und, dramatisch verschärft, künftige Arbeitsmarktentwicklungen bedeuten daher einen eklatanten Verrat an gleich mehreren garantierten Grundrechten und Grundwerten – den Verrat am Recht auf freie Berufswahl und auf Arbeit, den Verrat am Recht auf „freie Entfaltung der Persönlichkeit", die im Wertekodex der Autonomie und Selbstverwirklichung entspricht, den Verrat am Recht auf „Gleichheit vor dem Gesetz" und – zuallererst – den Verrat am Recht auf „Würde". Denn wer nicht werden kann, was ihm einen Wert gibt, wird auch nicht das Gefühl der Würde oder, psychologisch ausgedrückt, der Identität entwickeln können. Wenn in der 13. Shell-Studie die Wertedimensionen „Autonomie" und „Berufsorientierung" die beiden ersten Rangplätze einnehmen, lassen sich die psychologischen Folgen der Verletzung und radikalen Ent-Wertung dieser Werte leicht ausmachen.

Solche Zusammenhänge werden in den großen Jugendstudien nicht einmal andiskutiert. Stattdessen wird breit aufgelistet, was die heutige Arbeitswelt von der Jugend fordert und worauf sie sich angeblich auch mehrheitlich ohne größeren Problemdruck einstellt: Flexibilität, interdisziplinäres Denken, Kreativität, Schnelligkeit, Problemlösungskompetenz, Innovationsgeschwindigkeit, Mobilitäts- und Risikobereitschaft und Spontaneität: Eine Jugend wie aus dem Bilderbuch der neuen Marktwerte. Ihre Erfüllung in einer hochkomplexen Arbeitswelt beansprucht in der Wertehierarchie der Gesellschaft höchste Priorität. Dass mit einem solchen Wertebündel in Wahrheit durch die Wirtschaft ein krasses sozialdarwinistisches Selektionsprinzip etabliert wird, verschweigt die Politik geflissentlich.

So wundert es nicht, dass es entgegen allen Bekundungen bisher nicht gelungen ist, die hohe Jugendarbeitslosigkeit zu reduzieren oder auch nur die Kluft zwischen West- und Ostjugendlichen zu überwinden.

Nach den Monatsberichten des Statistischen Bundesamtes steigt die Arbeitslosigkeit von Jugendlichen unter fünfundzwanzig kontinuierlich an; sie liegt, regionale Unterschiede einbezogen, zum Teil weit über zehn Prozent und damit deutlich höher als in der Gesamtbevölkerung. Männliche Jugendliche sind von ihr signifikant stärker betroffen als weibliche. Dieser Befund betrifft alle Staaten in der EU. Die sinkende Zahl von Ausbildungs- und Arbeitsplätzen sowie der Neueinstellungen von Jugendlichen ist ein Skandal, der ein deutliches Licht auf den Wert wirft, den die westlichen Industrienationen der jungen Generation beimessen. Wenn es weiterhin bei der Flickschusterei von staatlich finanzierten Barmherzigkeitsprogrammen, Kombilöhnen und Niedriglohnarbeit für die Jugend bleibt, womit die Statistik gezielt verfälscht wird, kann der Werteverrat auf Dauer eine Enttäuschungswut und Vergeltungsaggression der Jugend auf den Plan rufen, die den „sozialen Frieden" ernsthaft in Gefahr bringt.

4. Die Bedrohung durch Gewalt und Umweltzerstörung

Mit Beginn der 70er Jahre des vorigen Jahrhunderts entstand die Ökologie- und Antiatomkraftbewegung als Reflex auf die wachsenden Umweltgefahren. Ihr Protest wurde von einer breiten Bevölkerungsschicht in die Öffentlichkeit und Politik getragen und hat einen Wertewandel im Umweltbewusstsein eingeleitet. Der Protest fand eine große Anhängerschaft vor allem in der Jugend. Schließlich organisierte sich auch eine national und international vernetzte „ökologische Kinderrechtsbewegung", die ein neuartiges Phänomen in der Geschichte der außerparlamentarischen Opposition darstellte.

Wie an früherer Stelle beschrieben, mehrten sich seit dieser Zeit Untersuchungen über die Zukunftsängste in der jungen Generation.[15] Ihre Ergebnisse über das erschreckende Ausmaß solcher Ängste machte die historisch neue Dimension der Umweltbedrohung deutlich. Die Zukunftsängste unterscheiden sich von anderen Ängsten durch ihren endzeitlichen Charakter. Welche dramatischen Auswirkungen sie auf die seelische Befindlichkeit junger Menschen haben konnten, habe ich selbst bei psychotherapeutischen Behandlungen und auch bei wissenschaftlichen Untersuchungen „hautnah" erlebt.

Ein Schicksal, das einen tragischen Ausgang hatte und das hier als eindringliches Beispiel für die Entwicklung vieler Kinder und Jugendlicher unter der ökologischen Bedrohung stehen kann und das mich deswegen noch öfter beschäftigt, ist mir durch einen Zufall bekannt geworden. Nach einem Vortrag über „Umweltzerstörung und die seelische Entwicklung unserer Kinder" schickte mir die Mutter von Siegfried Lanzl den nachgelassenen Gedichtband ihres zwanzigjährigen Sohnes „Das Andere Gedicht". Aus dem

Vorwort erfährt man, dass der begabte Fachabiturient sich voller Idealismus für Greenpeace, Robin Wood und Amnesty International engagierte, den Wehrdienst verweigerte und sich stattdessen Schwerstbehinderten widmete. „Seine Erfahrungen im Widerstand gegen die damals noch geplante Wiederaufbereitungsanlage in Wackersdorf, besonders die bürgerkriegsähnlichen Ausschreitungen an Pfingsten 1986, prägten ihn entscheidend. Er stand wohl vor der Frage: Woher noch Hoffnung nehmen, wenn sogar in einem demokratischen Staat der Bürgerwille so missachtet und unterdrückt werden kann. In dieser Zeit begann er, mehr und mehr an seiner und unserer Welt verzweifelnd, Gedichte zu schreiben."[16]

Die folgenden Gedichte vermitteln einen erschütternden Eindruck von der Zwangsläufigkeit, mit der das Leiden am Verrat seiner Zukunftshoffnungen diesen sensiblen, jungen Menschen einholt:

Sachzwänge

ein Unbelehrbarer
der sich
nicht abfinden wollte
mit den Zuständen
auf dieser Erde

die normative Kraft
des Faktischen
wurde ihm
zum Verhängnis

Immer weiter

„Soviel ist sicher:
wenn es eine Zukunft
für die kommenden
Generationen
geben soll
muss sie
verantwortlich
gestaltet werden"

Aber das
hat Zeit
höre ich euch sagen
denn dafür
ist ja die Zukunft da
und nicht
die Gegenwart[17]

Am 20. Juli 1988 nahm sich Siegfried Lanzl auf den U-Bahn-Gleisen von München das Leben. Sein Selbstmord war so gewalttätig, wie er das Leben empfunden hatte. In dem Begleitschreiben sah die Mutter „das Beziehungsgeflecht zwischen Umweltzerstörung und kindlichen Ängsten, das der Verdrängungskunst von Erwachsenen noch nicht zum Opfer gefallen ist", als ursächlich für den Suizid ihres Sohnes an.

Objektiv geht die Zerstörung der Biosphäre weiter, die Erwärmung des Planeten, das Abschmelzen der Polkappen, das Ozonloch. Eine Katastrophe wie die von Tschernobyl kann sich täglich wiederholen. Aber es wird heute kaum noch darüber gesprochen. Der Protest ist nach Jahrzehnten des erfolglosen Widerstands bis auf wenige Anlässe, zum Beispiel beim Eisenbahntransport von radioaktiven Abfällen, erlahmt. Typisch dafür dürfte das Schicksal der Partei Bündnis 90/Die Grünen sein. Sie war die ursprünglich treibende Kraft des Aufbruchs zu neuen Werten. Ihr ökologischer und pazifistischer Humanismus mutierte und verflachte jedoch zunehmend zum Streben nach Macht und ließ sich, als diese 1998 in Form einer Regierungsbeteiligung auf Bundesebene erkämpft war, bis zur „Umwertung" von Werten korrumpieren, die früher tragend gewesen waren. Die tragischsten Beispiele: Galt noch vor 1998 der Schwur „Von deutschem Boden darf nie wieder Krieg ausgehen", war es ausgerechnet diese Partei, die schon kurze Zeit später einen von den USA diktierten Krieg im ehemaligen Jugoslawien als „gerechte Friedensintervention" mittrug und mit dieser Umdeutung den deutschen Beitrag rechtfertigte. Das Gleiche wiederholte sich im Krieg gegen Afghanistan. Es ist zu vermuten, dass besonders durch diese Ereignisse und die stromlinienförmige Anpassung der Parteispitze an herrschende Trends der Jugend eine breite Wertebasis entzogen wurde – ein Werteverlust, durch den ihr Demokratieverständnis radikal erschüttert worden ist. Der zunehmende Glaubwürdigkeitsverlust der Politik in der Jugend ist nur zu logisch, wenn die Phrasen der politischen Wertediskussion als das demaskiert werden, was sie eigentlich sind, nämlich der Verrat jugendlicher Grundwerte. Jugendliche sind bekanntlich Seismographen für Zwischentöne und besonders empfindlich für Heuchelei, Täuschung und Lüge.

Ein jüngeres Beispiel für diesen ökologischen Verrat liefert der „Konsens" zwischen Regierung und Kernkraftbetreibern über ein neues Atomausstiegsgesetz, das der Atomlobby noch weitere dreißig Jahre Frist gewährt. Zigtausende meist junger Kernkraftgegner stehen fassungslos und resigniert vor diesem Ergebnis und haben den Mut zu weiterem Widerstand verloren.

Sicher ist, dass die kosmetischen Kurskorrekturen im ökologischen Sektor weder die Gefahren noch das allgemeine Bedrohungsgefühl entscheidend reduziert haben. Aber das Ausbleiben der Klimakatastrophe, die schon für 2000 prognostiziert war, bildet einen willkommenen Anlass für Politik und Wirtschaft, das „ökologische Gewissen"[18] erst einmal wieder im Schließfach ökonomischer Interessen zu verstauen. Um es zu wiederholen: Die in regelmäßigen Abständen tagenden Internationalen Klimakonferenzen belegen ohne Ausnahme, dass wir von einer Vernunft, die in allen philosophischen Systemen die Mutter der Ethik und der Werte ist, dass wir von dieser Vernunft im Sinne einer globalen Verantwortung noch weit entfernt sind.

Die Jugend – auch das belegen zahlreiche Untersuchungen – ist über die Faktenlage sehr gut informiert. Entsprechend sind ihre Ängste weiter existent. Aber dort, wo diese auf Dauer in ihrem Ausmaß seelisch nicht zu verarbeiten sind und auch durch keine Form des aktiven Widerstands kanalisiert werden können, kommt es zu ihrer Verdrängung und Kaschierung durch täuschende Wertemasken. So entstehen poetische Bilder: Hier in Deutschland fahren wir (sozusagen) in ruhigen Gewässern, an grünenden Weiden vorbei, in den Zweigen das Zwitschern der Vögel. Wir freuen uns über jeden Sonnenstrahl und das ferne Windrad in der Landschaft: Es geht doch bergauf mit der alternativen Energiegewinnung. Solche Bilder lassen uns die Naturkatastrophen andernorts auf der Erde vergessen, die durch menschliche Umweltsünden ausgelöst werden. Sie unterlaufen aber auch den Widerstand der Jugend. Dieser Wert, ebenso die Werte Mut, Zivilcourage und Kritikfähigkeit, in jeder Sonntagsrede als Bürgertugenden hoch gelobt, zahlen sich im Alltag unserer demokratischen Gesellschaft nur selten aus. Sie verflüchtigen sich entweder unter der „repressiven Toleranz" des Staates oder unter dem oft brutalen

Missbrauch seines Gewaltmonopols. Über das Thema Ökologie können daher viele Jugendliche nur noch zynisch witzeln, nachdem sie erfahren haben, was Ohnmacht und Resignation ist.

Ich habe in keiner Arbeit über Jugendwerte einen Hinweis darauf gefunden, wie denn die beklagte Konzentration auf das Lustprinzip im Hier und Jetzt bei vielen Jugendlichen zu deuten sei. Nach allen vorliegenden Studien über Zukunftsängste scheint aber zumindest eine Erklärung darin zu liegen, dass sich hinter den hedonistischen Tendenzen ein verdrängtes Katastrophengefühl und -denken verbirgt. Je mehr die eigene Lebensperspektive, ob real oder in der Phantasie, durch mögliche ökologische Katastrophen verkürzt wird, umso mehr schwindet das Hoffnungspotenzial. Dieses zählt jedoch als lebensnotwendiges und lebenserhaltendes Prinzip zu den meist vergessenen, aber existenziell wichtigen Werten. In dieser Situation ist die Regression auf das Lustprinzip ein sozialpsychologisch bekannter Mechanismus der Abwehr und Anpassung.

Wie immer die ökologische Bedrohung in Erscheinung tritt – ob als unmittelbare Zerstörung von Natur und Tierreich durch chemische Verseuchung oder als Vergiftung der Nahrungskette (mit unkalkulierbaren Gesundheitsrisiken), ob sie in den radioaktiven Risiken der Nukleartechnologie in Kernkraftwerken und atomaren Waffenlagern liegt oder ob sie sich schließlich als Auflösung der Ozonschicht durch toxische Gase zeigt – immer ist in der Summe das aktuelle Leben und die Zukunft der menschlichen Art gefährdet. Besonders für die junge und für alle nachfolgenden Generationen ist damit in einer nie dagewesenen Dimension ihr Überleben in Frage gestellt. In dem epochalen Ereignis der ökologischen Bedrohung einen Verrat an den Grundrechten und Grundwerten dieser Generationen und einen Verrat der Grundpflichten von Verantwortung und Solidarität ihnen gegenüber zu sehen – diese Konsequenz dürfte angesichts der ebenso klaren wie bedrückenden Sachlage kaum in Zweifel zu ziehen sein.

5. Die Herrschaft der Alten

Der Streit über die Rentenreform signalisiert, dass unsere Gesellschaft und unser Sozialsystem an Grenzen stößt, wenn es darum geht, die steigende Lebenserwartung der Bevölkerung zu verkraften. In hartem Widerspruch zu dieser ökonomischen Problemlage stehen die Fortschritte in Wissenschaft und Technologie bei der Erhaltung und Verlängerung des Lebens. Der Beitrag der Genforschung eröffnet dazu für die Zukunft weitere ungeahnte Möglichkeiten und suggeriert die Erfüllung des Traums von der Überwindung des Todes. Schon heute zeigt sich die Janusköpfigkeit des medizinischen Fortschritts an den dramatischen Verschiebungen innerhalb der Bevölkerungspyramide, die nicht mehr an ein ägyptisches Bauwerk, sondern an die Form eines Atompilzes erinnert.

„Die Zahl der Lebendgeborenen sinkt seit 1997 kontinuierlich und hat 2003 einen neuen Tiefstand erreicht. Wurden 1997 noch 812 173 Kinder geboren, waren es sechs Jahre später nach vorläufigen Ergebnissen nurmehr 706 728."[19]

Deutschland gehört zu den kinderärmsten Ländern der Welt. Diese Tatsache könnte zu der Frage verleiten, was einem der reichsten Länder seine wenigen Kinder wert sind. Der ökonomische Reichtum gegen die Armut an Kindern – oder in einer anderen Variante: gegen die Armut der Kinder, denn jedes siebte Kind wächst bei uns unter der Armutsgrenze auf. Wie schlägt sich diese Werteverteilung im Selbstwert-Bewusstsein der jungen Generation und in ihrem

Gefühl von Zugehörigkeit zur Gesellschaft im Sinne des Sozial- und Solidaritätswertes nieder? Die Frage führt zu einer für das Problem der Überalterung wichtigen Vermutung. Wenn die Jugend sich das kaum zu verleugnende gesellschaftliche Desinteresse am Aufbau ihrer Individual- und Sozialwerte klar vor Augen führt, wird die Kluft zwischen den Generationen wachsen und den Neid auf das im Hinblick auf ökonomische Sicherheit, Gesundheit und Lebenserwartung blühende Alter auf den Plan rufen. Aus vielen therapeutischen und Alltagserfahrungen lässt sich der Eindruck gewinnen, dass ihre passiven Erwartungs- und Bequemlichkeitshaltungen oftmals unbewussten Neidimpulsen entstammen.

Ein plastisches Beispiel ist Daniel, achtzehn Jahre alt, der wegen seiner Entwicklungsverweigerung an seiner Ausbildung zum Elektrotechniker zu scheitern droht. In der Behandlung ließ sich ein stiller Protest erschließen, der aus einem über Generationen hinweg weitergegebenen unbewussten Neidkomplex herrührte. Sein rüstiger Urgroßvater, ein reicher ehemaliger Kaufmann, ist gerade 93 Jahre alt geworden. Er verteilt sein Geld nur häppchenweise an die wenig bemittelten Nachkommen, weil er sich vorgenommen hat, 100 Jahre zu werden, und sein luxuriöses Seniorenheim Unsummen verschlingt. Seine geschiedene Tochter, die Großmutter des Patienten, jetzt 71 Jahre alt, hat alleine zwei Kinder durchgebracht und wartet noch heute auf das Erbe. Eine ihrer Töchter, die Mutter des Patienten, 43 Jahre alt, spekuliert ebenfalls darauf, muss aber damit rechnen, dass ihre Mutter genauso alt wird wie deren Vater. Ich stellte also mit dem Patienten die Rechenaufgabe an, wie alt er selbst werden müsste, um an das urgroßväterliche Erbe zu gelangen. Diese Konfrontation hat seitdem die Therapie deutlich belebt.

Die alte Bevölkerung jenseits des 70. Lebensjahrs führt vor allem durch drei Faktoren zu einer existentiellen Belastung der heutigen Jugend. Erstens hat sie in den letzten dreißig bis vierzig Jahren durch das Wohlstandswachstum ein historisch nie dagewesenes Maß an Kapital angehäuft, das nicht im Sinne eines natürlichen Kreislaufs der Entwicklung der jungen Generation zugute kommt, sondern durch seine Festanlage in Banken, Versicherungen und Immobilien unproduktiv bleibt – totes Kapital in Billionenhöhe. Ein spezielles Problem stellen dabei Erbschaften dar. Mit steigender Tendenz werden in Deutschland jährlich dreistellige Milliardenbeträge vererbt, deren größter Teil wegen ihrer höheren Lebenserwartung Frauen zufällt. Führende Ökonomen warnen seit langem vor den lähmenden Folgen dieses Kapitalstaus für die Dynamik der Volkswirtschaft.

Der zweite Faktor ergibt sich aus dem größeren Anteil an alten Menschen ohne finanzielle Ressourcen. Bei niedrigen Renten verbraucht diese Gruppe immense Geldsummen aus öffentlichen Mitteln für Lebensunterhalt, Fremdunterbringung, Pflege und Krankenkosten. Diese Bevölkerungsgruppe ist am stärksten vom „Rentenloch" betroffen, das von einer jungen Generation gestopft werden soll, für die immer weniger qualifizierte Arbeit zur Verfügung gestellt wird.

Der dritte, ebenso bedenkliche Faktor berührt die Frage politischer Macht. Alte Menschen bleiben Wähler bis zu ihrem Tod, während die Jugend entgegen allen Bemühungen, das Wahlalter wegen der nachweislich früheren Mündigkeit zu senken, weiterhin bis zum achtzehnten Lebensjahr von der politischen Mitentscheidung ausgeschlossen bleibt. Je größer der Anteil der mit dem Alter immer konservativer ausgerichteten Wähler wird, umso mehr können und müssen sich die politischen Eliten an konservativen Werten orientieren, um ihren Machteinfluss zu erhalten.

Die Herrschaft der Alten über die Jungen ist also sowohl ökonomisch durch Geldbesitz und Geldverbrauch als auch durch ihr Wahlpotential politisch abgesichert. Bei allen Modernisierungsschüben ist (wegen der skizzierten Bevölkerungsentwicklung) nicht zu übersehen, dass sich die kulturelle Werteskala immer stärker in eine gegenläufige Richtung bewegt, nämlich zu einer Dominanz konservativer Werte hin. Damit wird der Generationenvertrag, der die Sicherung und Förderung des Nachwuchses durch die Erwachsenengeneration als ungeschriebenes Gesetz festschreibt, in zunehmendem Ausmaß unterhöhlt. Die Rentendebatte steht nur stellvertretend für den Verfall der Werte, die dieser Generationenvertrag in einer modernen Gesellschaft umfassen müsste: Familienförderung, Kindergeld, Erziehung, Bildung, Arbeit und Umweltschutz zur Zukunftssicherung der jungen Generation. Die offensichtliche Benachteiligung der Jugend in diesen Punkten führt bei vielen Jugendlichen zu einer negativen Bilanzierung ihrer Biographie und ihrer antizipierten Entwicklungsmöglichkeiten, die ihnen den Aufbau eines selbstbewussten Wertegefühls außerordentlich erschwert. Im Gegenteil kann diese Bilanzierung, wie auf einem Soziologenkongress in Köln aufgezeigt wurde, ihre Gewaltbereitschaft durch die Verletzung ihrer Grundrechte erheblich anstacheln.[20]

6. Die entfesselten Medien

Die psychologische Forschung ist sich heute einig, dass das digitale Zeitalter mit Fernsehen, Video, Computer, Handy und Internet seit ca. dreißig Jahren zu einem kontinuierlichen Intelligenzanstieg bei Kindern und Jugendlichen in den industriellen Hochleistungsgesellschaften geführt hat. Der Anstieg betrifft vor allem nicht-sprachliche Fähigkeiten, speziell die visuelle und akustische Wahrnehmungsgeschwindigkeit, die, so die Vermutung von Psychologen, Jugendlichen eine immer raschere Orientierung in einer immer schneller werdenden Welt ermögliche. Sie entwickeln im positiven Sinn, wie McLuhan meint, ganz „andere Sinnesreaktionen" als alle Generationen vor ihr. Andere Intelligenzleistungen wie Sprache, Abstraktionsvermögen und Denkprozesse scheinen nach anderen Befunden dagegen eher eine rückläufige Tendenz zu zeigen. Viele sprechen auf Grund dieser Ergebnisse von einer „neuen Intelligenz" in der jungen Generation.

Diesen interessanten und empirisch gut ermittelbaren Fakten steht die Verwirrung in der Wertedebatte über den Einfluss der visuellen Medien gegenüber. Während die einen die „Fernsehkindheit" verteufeln wie im 15. Jahrhundert der Klerus die Erfindung des Buchdrucks – Postman prophezeite gar das „Verschwinden der Kindheit" durch das Medium Fernsehen – sehen andere im medial vernetzten Informationszeitalter völlig neuartige Sozialisationsmöglichkeiten bei der Wissensvermittlung und eine global wirksame Aufklärung entstehen.

In der Wertediskussion geht es aber nicht um das grundsätzlich „Gute" oder „Böse" der neuen Medien, sondern um die Exzesse einer rein kommerziell orientierten „Bewusstseinsindustrie" privatrechtlicher Produktionsfirmen. Sie sei umso einträglicher – so der Medienkenner Ulrich Wickert –, je mehr sie das „Niedere" und „Schlechte" im Menschen herauskitzele und damit gegen die „Würde des Menschen" verstoße. Es ist nicht zu leugnen, dass Fernseh- und Videokultur in der Darstellung von Gewalt- und Tötungsorgien, von sexueller Lust und Perversion, von Habgier, Neid, Sadismus, Masochismus, von Voyeurismus und Exhibitionismus das gesamte Triebspektrum suggestiv und wollüstig visualisieren, wie es sonst nur unserer persönlichen Traumwelt gelingt.

In den letzten Jahren haben die privaten Sender für die spezielle Zielgruppe der Jugendlichen außerdem zahlreiche Live-Shows und Reality-TV wie „Big Brother" entwickelt. Ihre große Resonanz in Jugendkreisen zeigt die Lust an einer Form des skandalösen Schauspiels, in der nicht miteinander gesprochen, sondern gepöbelt wird; je frivoler, beleidigender, entlarvender und aggressiver, kurz: je hemmungsloser es dabei zugeht, desto sicherer ist der Jubel des Publikums. In den „Arenen" der Studios bleibt kein Auge trocken, ob man nun weint oder lacht. Manchmal geht es zu wie in den Chat-Rooms, in denen der Sieger bleibt, wer dem anderen in schnellerer Reihenfolge die vulgärsten Schimpfworte an den Kopf donnern kann, von „Mother-, Arsch- und Kniefícker" bis zum „Votzenlecker".

In den genannten Live-Shows bleibt kein Thema unberührt: „Wie war es beim ersten Mal?", „Sind große Brüste schöner als kleine?", „Und wie ist es mit den Schwänzen?", „Dick oder dünn, was liebt ihr mehr?". Solche intimen Themen werden nicht ernsthaft diskutiert oder gar moderiert, sondern eröffnen eine willkommene Schlammschlacht, in der Sexualität und Aggression unneutralisiert und ungefiltert eine krude Mischung eingehen. Das berühmt-berüchtigt gewordene Fernsehduell über Wertefragen zwischen Alice Schwarzer und Verona Feldbusch im Frühjahr 2001 war eine exemplarische Demonstration für die kulturelle Verschiebung der Werte zwischen der Erwachsenengeneration, die in den letzten dreißig Jahren argumentativ und engagiert für eine zivile Gesellschaft gekämpft und sich dabei teilweise erschöpft hat, und einer Fernsehjugend, die mit gestylter Schönheit, glamourösem Outfit und tiefem Busenausschnitt über die Vernunft zu triumphieren scheint, sie geradezu verhöhnt.

Besonders die zeit- und bildbeherrschende Sexreklame muss von der Frauengeneration der Feministin Alice Schwarzer als beleidigender Rückschlag erlebt und verarbeitet werden. Für sie wurde in den 70er Jahren der „Warencharakter" der Frau zum Topos, der die Emanzipationsbewegung im Widerstand gegen eine chauvinistische Männerwelt entscheidend antrieb. Ihre damalige Empörung über weibliche Nacktfotos auf den Titelseiten von Illustrierten wird vor dem Panorama heutiger Sexwerbung in den Medien zur Anekdote: „Ich stöhne, bis du kommst!", „Studentinnen besorgen es dir am Telefon!", „Ich bin ganz artig und mache alles, was du willst!". In „Sexy Clips", „Lovers-TV" und anderen Animationssendungen streicheln schöne Stripperinnen ihre schönen Brüste vor schöner Landschaft, während Mütter die Angst überfällt, ihre Söhne säßen selbstbefriedigend in ihren Zimmern vor diesen Kunstprodukten der Exhibition. Sie fragen sich, ob die Gewöhnung an den prallen Brustfetischismus und die Virtualität der weiblichen Verführung Bilder in den Köpfen ihrer Söhne erzeugen, die sie mit entsprechenden Erwartungen auf ihre Freundinnen übertragen. Sie fürchten, dass gleichzeitig ihre Achtung vor Frauen sinkt und diese auch in der Realität in einer Weise zur Ware degradiert werden, die die schlimmsten Befürchtungen der Frauenbewegung weit übertrifft.

Mütter, Erzieher, Bildungseinrichtungen und Kirchen reagieren hilflos auf solche Ängste. Keiner weiß, wie berechtigt sie sind. Eine Zensur findet nicht statt. Die Rechnung zahlen meist die Eltern, wenn sie am Monatsende die Höhe ihrer Telefongebühren überprüfen.

Führt – das ist die zentrale Frage – die Ikonographie der Triebentfesselung und der visualisierten Orgien der Lust in den privaten Medien einschließlich ihrer sexistischen Werbestrategien auch in der Realität zu einem radikalen Verfall der Scham- und Schuldkultur in der Jugend und zur Auflösung der letzten Geheimnisse? Werden damit tragende Eckpfeiler unseres ethischen Wertegebäudes unterspült? Die Dämonisierung von Fernsehen und Video basiert auf solchen Befürchtungen. Aber letztlich gibt es auf diese Fragen – trotz vieler Versuche, sie wissenschaftlich zu belegen – bis heute keine gültige Antwort.

Die Medienkultur, so ist eher zu vermuten, bedient zunächst nur die Bedürfnisse ihrer Nutzer, und, auf die Jugend bezogen, deren Wertemasken, die ihre Unzufriedenheit über das Schwinden verbindlicher Werte nur verdecken. Insofern kommt ihnen eine Ventilfunktion zu. Sie kanalisieren die angestauten Spannungen und Frustrationen, die eine im Epochenwechsel befindliche Gesellschaft mit all ihren Verunsicherungen und Bedrohungen der Jugend zumutet. Diesen gegenüber erscheinen die visuellen Medien als eine der geringeren Gefahren, die Jugend aus ihrem Wertehimmel zu stürzen. Dem entspricht der Befund, dass in allen vorgenannten Studien über Zukunftsängste das Thema Medien als erschreckende Lebensumwelt so gut wie keine Rolle spielt.

In der kritischen Diskussion über die Wirkungen der Medien wird auch konsequent der persönliche und gesellschaftliche Kontext ausgeblendet, in dem sie angesiedelt sind. An einem einfachen Beispiel: Ein Jugendlicher, der schon als Kind die familiäre Gewalt und den Alkoholismus seines Vaters und die schließliche Trennung der Eltern erlebt hat, der schon von früh an wegen der Berufstätigkeit der (allein erziehenden) Mutter Stunden allein vor dem Fernseher verbrachte, dessen Schulleistungen unter dem sozialen Problemdruck nachließen (bis zum Scheitern) und der seit langem auf einen Ausbildungs- oder Arbeitsplatz wartet, wird nicht durch das Fernsehen gewalttätig oder sexuell auffällig. Bei ihm verbindet sich nur die wild gewordene, alle moralischen Grenzen sprengende Bilderflut mit seinem strukturlosen Inneren, das zu selbstständigen Urteilen, eigenen Wertsetzungen und kontrolliertem Handeln nicht mehr in der Lage ist.

Trotz aller Einschränkungen und Bedenken besteht aus kulturkritischer Perspektive die Einzigartigkeit von Fernsehen, Video und Internet darin, dass sie wie kein anderes Medium die Revolutionen der Technik mit den revolutionären Erkenntnissen der Psychologie über die wahre Natur des Menschen verbinden. Weil sie die letzten Tabuschranken weggefegt haben, erfahren Kinder und Jugendliche von frühem Alter an und jenseits aller Schulweisheit und Heuchelei, wie Menschen wirklich sind. In den Inszenierungen menschlicher Sinnlichkeit und menschlicher Abgründe erleben sie die Widerspiegelung eigener Naturhaftigkeit, die sie, durch die Erwachsenenvorbilder legitimiert, nicht mehr länger hinter der Maske der Unschuld verbergen müssen. So werden sie zu frühen Mitwissern des menschlichen Dramas. Hierin liegt das eigentliche Skandalon. Mit dieser radikalen Modernisierung von Aufklärung sind zweifellos neue Kindheits- und Jugendkonstruktionen verbunden. Bei ihnen bleibt bislang unklar, ob und in welcher Weise sie eine frühere Reifung und Mündigkeit fördern oder behindern und wie sie die Prägung von Charakterstrukturen und menschlichen Bindungen sowie das Verhältnis der Geschlechter beeinflussen werden.

Ob die epochale Neudefinition von Aufklärung durch die visuellen Medien bereits, wie Wickert meint, die „Würde des Menschen" verletzt, scheint mehr eine weltanschauliche Frage zu sein. Sicher tut sich aber darin eine, wenn auch uns zunächst noch erschreckende Dimension der Aufklärung auf, die den Geist eines neuen Zeitalters realistisch und schonungslos widerspiegelt. Dass der mit ihr verbundene Wertewandel produktiv genutzt wird und sich die radikale Aufklärung mit der Vernunft und der Einsicht in die

Notwendigkeit von Veränderungen verbindet, erscheint für die Zukunft nicht ausgeschlossen.

Derzeit allerdings müssen sich die Verantwortlichen der neuen Medienindustrie darüber im Klaren sein, dass ihre (profitorientierten) Produkte nicht in einer ethisch intakten Wertelandschaft angesiedelt, sondern das Ergebnis ihrer Erosion sind. Insofern müssen sie den Beweis erbringen, dass sie nicht schuldhaft am Verrat von Grundwerten beteiligt, sondern bereit sind, für die Jugend zu neuen Wertorientierungen beizutragen, die ihre Zukunft sicherer und lebenswerter machen.

7. Die Globalisierung

Von Globalisierung spricht man „offiziell" erst seit 1989. Nach Beendigung des Kalten Krieges schien die Weltgemeinschaft für einen Vereinigungsprozess offen, der die Gräuel des 20. Jahrhunderts überwinden und durch wirtschaftliche und kulturelle Zusammenarbeit zu einem friedlichen Zusammenleben der Völker führen sollte. Dieser Wunschtraum hat viele Visionen beflügelt: „globale Zivilgesellschaft", „föderative Weltrepublik", „kosmopolitische Demokratie", „Weltstaat", „Weltethos". Die 1992 in Rio de Janeiro formulierte „Agenda 21" war der erste Versuch der internationalen Staatengemeinschaft, ein Aktionsprogramm für die konkrete Gestaltung des Globalisierungsgedankens im 21. Jahrhundert zu entwickeln – das Konzept der „Nachhaltigkeit" zur Lösung ökologischer, ökonomischer und gesellschaftlicher Probleme in ihrer Wechselwirkung. Einen Schwerpunkt bildet darin eine umfassende Bildungsreform, die sich an der „Zukunftsfähigkeit" im neuen Jahrhundert orientiert. Sie ist besonders für die unterentwickelten Länder entscheidend, damit diese ihre Ressourcen für eine ökonomische Wettbewerbsfähigkeit besser nutzen und langfristige Strukturveränderungen einleiten können.

Das Beispiel „Bildung als gesellschaftlicher Wert" scheint gut geeignet, um zu verdeutlichen, wie das Konzept der Globalisierung die Mehrheit der Menschen in allen Ländern der Erde überfordert. Die Fähigkeiten, die die 13. Shell-Jugendstudie auflistet, seien hier nochmals zitiert: Flexibilität, interdisziplinäres Denken, Kreativität, Schnelligkeit, Problemlösungskompetenz, Innovationsgeschwindigkeit, Mobilitäts- und Risikobereitschaft und Spontaneität. Doch auch sie scheinen noch nicht auszureichen, um in der veränderten Welt bestehen zu können. Nach den Vorstellungen der „Agenda 21" soll Bildung zu Folgendem befähigen: Kommunikations- und Kooperationsbereitschaft, Selbstständigkeit, Entscheidungsfähigkeit, Verantwortungsbereitschaft, vorausschauendes Planen, Informationsaneignung und Gestaltungskompetenz.

Wenn man all diese besonders für Jugendliche relevanten Anforderungen nicht nur als Wortgeklingel abtun will, sondern in ihnen tatsächliche Erfordernisse einer „neuen Weltordnung" sieht, dann muss man kein psychologischer oder soziologischer Sachkenner sein, um in ihnen eine klare Zweiteilung in Menschen erster und zweiter Klasse zu erkennen. Dabei dürfte die zweite Klasse weit überrepräsentiert sein. Oder in einer schärferen Formulierung: Eigentlich ist der genetisch manipulierte Mensch längst überfällig, der die Summe dieser Fähigkeiten in sich vereinen könnte.

Auch die 1990 von der UNO in New York auf dem „1. Weltgipfel für Kinder" verabschiedeten „Konventionen über die Rechte des Kindes" formulierten eine verbesserte Bildung als eine der wichtigsten Zielvorgaben für die nächsten zehn Jahre. Nach jährlichen Zwischenberichten zog UNICEF 2005, also nach fünfzehn Jahren, erneut Bilanz: „2003 gingen mehr als 121 Millionen Kinder im Grundschulalter nicht zur Schule." Und: „Über 140 Millionen Jugendliche waren im Jahr 2000 Analphabeten, 60 Prozent von ihnen junge Frauen."[21]

In demselben UNICEF-Bericht schreibt der Nobelpreisträger und renommierte Wirtschaftswissenschaftler Joseph Stiglitz: „Wollte man das zweite Millenniums-Entwicklungsziel erreichen – Grundbildung für alle bis 2015 –, dem 187 Länder im September 2000 zugestimmt haben, wären geschätzte 9,1 Milliarden US-Dollar jährlich notwendig. Mit weniger als 100 Milliarden US-Dollar könnte man also im Laufe der nächsten zehn Jahre das Ziel verwirklichen. Dagegen wurden allein 2003 mehr als 956 Milliarden US-Dollar für Verteidigung ausgegeben. Würden die jährlichen Militärausgaben um nur ein Prozent gekürzt, könnte man allen Kindern der Welt eine Grundbildung ermöglichen."[22]

Dieses Beispiel für die Umverteilung von Bildungs- zu Rüstungsausgaben in den USA steht für die Mehrzahl der Länder, deren politisch Verantwortliche entgegen aller Proklamationen und Agenden Bildung nicht auf ihrer Hit-Liste führen. Bomben statt Bildung. An dieser schrecklichen Wahrheit kommen wir nicht vorbei.

Die krassen Unterschiede in den Bildungschancen sind eine direkte Folge und gleichzeitig Ursache der entsprechenden Einkommens- und Besitzverhältnisse, die das ökonomische Resultat der Globalisierung sind. Auch hier gilt das Prinzip der Zweiteilung: je gebildeter, desto reicher, je ungebildeter, desto ärmer. Selbst die Repräsentanten der drei mächtigsten Institutionen der globalen Marktwirtschaft, der Welthandelsorganisation (WTO), des Internationalen Währungsfonds (IWF) und der Weltbank, die der indische Ökonom Biplab Dasgupta als die „heilige Trinität der Weltwirtschaft" bezeichnet hat, kommen nicht umhin, diesen Trend des

Wirtschaftsliberalismus zur sozialen Ungleichheit einzugestehen. Die bisherige Globalisierung – darin sind sich auch alle ihre Kritiker einig – schafft Gewinner und Verlierer, und zwar in einem Ausmaß und in einer Geschwindigkeit, die alle Wertparolen des Megaprojekts zu reinen Worthülsen macht.

Verlierer sind aber nicht nur die armen Regionen der Erde, die auf Grund von Überschuldung, mangelnder Konkurrenzfähigkeit und Billiglöhnen gar nicht in der Lage sind, Kapital zu schaffen und wertsteigernd zu vermehren. Verlierer sind auch breite Bevölkerungsgruppen in den reichen Industrieländern, die auf Grund mangelnder persönlicher Ressourcen, der Umstrukturierung des Arbeitsmarktes und der Einschnitte im Bildungs- und Sozialwesen unaufhaltsam an den Rand der Gesellschaft und in die Armut gedrängt werden. Kritiker befürchten daher statt der angestrebten globalen Gerechtigkeit eine „soziale Fragmentierung", wie es der Theologe Karl-Josef Kuschel nennt – sowohl international in bevorzugte und benachteiligte Länder als auch innerhalb einzelner Gesellschaften in privilegierte und unterprivilegierte Schichten.

Aufschlussreich sind in diesem Zusammenhang Ergebnisse der 13. Shell-Studie zur Europafrage. In der Untersuchung wurde nicht nach der Einschätzung der Globalisierung gefragt, sondern (was wegen der damals bevorstehenden Einigung näher lag) nach der Einstellung zu Europa. Im Durchschnitt interessierten sich nur 54 Prozent aller Jugendlichen für die mit dem Zusammenschluss anstehenden Fragen nach Chancen und Risiken. „Man könnte – zugespitzt – sagen: Europa lässt die Jugend kalt."[23] Wichtiger sind die Ergebnisse zu der Frage nach den persönlichen Vor- und Nachteilen. Hier zeigt sich bis zu einem gewissen Grade eine Aufteilung in zwei Gruppen. Jugendliche und Heranwachsende mit positiven Ressourcen (Gymnasialschüler,

Studenten) sehen deutlich mehr Vor- als Nachteile, während diejenigen mit geringeren Bildungsvoraussetzungen eher die Nachteile betonen. Diese Einschätzung der Jugendlichen dürfte auch tatsächlich der sozialen Realität entsprechen, und zwar nicht nur in Europa, sondern weltweit. Auch die Jugend wird durch die Globalisierung in zwei Gruppen gespalten, die immer weiter auseinanderdriften – wobei die untere Hälfte der Unterprivilegierten stetig wachsen wird.

Dem Kapitalismus ging es ursprünglich nicht allein um Geld und Macht. Seine Ideologie lag in dem Versprechen, erst der durch den freien Markt erwirtschaftete Wohlstand schaffe die Voraussetzungen für soziale Gerechtigkeit, Freiheit und Menschenwürde. Er hat schon früher dieses Ideal nie befriedigend einlösen können. Der neue Kapitalismus steht heute vor der Frage, inwieweit er seine Ursprungsidee, statt ihrer Verwirklichung näher zu kommen, vollständig verabschieden will. Damit würde er zu dem, was ihm oft vorgeworfen wird: zu einer Gesellschaftsform, deren oberster (oder gar einziger) Wert der Profit ist und die im Interesse der Wenigen die Ungerechtigkeit gegenüber den Vielen, ihre Unfreiheit und ihre mangelnde Würde billigend in Kauf nähme. Wenn es bei der Globalisierung, wie zur Zeit der Eindruck entsteht, in erster Linie um Fragen der Macht mit ökonomischen, notfalls mit militärischen Mitteln geht, wird sich der neue Kapitalismus mit seiner Siegermentalität und „Dominanzkultur"[24] auf Dauer selbst abschaffen. Denn weltweit begangenes Unrecht erzeugt eine Sprengkraft, von der uns die Katastrophe vom 11. September 2001 nur eine leise Vorahnung gegeben haben könnte. Es muss nicht gleich zum *Kampf der Kulturen* kommen, wie ihn Samuel Huntington bereits 1996 prophezeit hat. Aber die zu beobachtenden Gegenreaktionen gegen das Primat des Ökonomischen über das Politische, Kulturelle, Soziale und Religiöse sprechen schon jetzt eine deutliche Sprache. Diese Zusammenhänge mögen Ralf Dahrendorf zu der Überlegung veranlasst haben: „Es kann durchaus sein, dass die Globalisierung sich als Episode erweist, ein weiter gehender Irrtum des Kapitalismus mit wenig dauerhaften Folgen. Die globale Klasse kann auch wieder in der Versenkung der Geschichte verschwinden, ohne ihre Herrschaft je stabilisiert zu haben."

Es ging mir bei dieser Hintergrundskizze zum Globalisierungsprozess in erster Linie um diejenigen, deren Zukunft am stärksten von ihm abhängt – um die Jugend und die nachwachsenden Generationen. Der weltweite Verrat an Werten, Idealen, Hoffnungen und Lebenschancen durch das Globalisierungsfieber hat für den breiten Sockel der Jugendpyramide bereits heute ein erschreckendes Ausmaß erreicht.

V. Im Ozean der Gleichgültigkeit

1. Ist unsere Gesellschaft kinderfeindlich?

Der an einigen Gesellschaftssektoren dargestellte Werteverrat an der Jugend muss Gründe haben, die tiefer reichen, als die in der Regel angeführten sozialen Daten es nahe legen. Ein psychologisch definierter Begriff, der in der Öffentlichkeit und in Fachkreisen schnell als Erklärung herangezogen wird, ist die „Kinderfeindlichkeit der Gesellschaft". Wie tauglich ist dieser Begriff?

Das am häufigsten genannte Beispiel für „Kinderfeindlichkeit" ist die verbreitete Gewalt gegen Kinder. Nach heutigem Verständnis reicht sie von der seelischen Demütigung über die Vernachlässigung und die verschiedenen Formen körperlicher Bestrafung einschließlich der nicht selten tödlich endenden Kindesmisshandlungen bis zum sexuellen Missbrauch. Es gilt inzwischen als erwiesen, dass alle diese Arten von Gewalt, abhängig von ihrem Ausmaß, zu mehr oder minder schweren seelischen und psychosozialen Fehlentwicklungen und zur Zerstörung des moralischen Wertesystems führen können. Viele europäische Staaten, einschließlich Deutschland, haben daher inzwischen jede Form der Gewalt gegen Kinder durch Neuregelungen des Familienrechts gesetzlich verboten, weil durch sie „die Würde" des Kindes verletzt werde. Für diesen Fortschritt bedurfte es allerdings jahrzehntelanger Aufklärungs- und Überzeugungsarbeit bei den politischen Entscheidungsträgern.

Neben der „personalen Gewalt" in der Familie wird die „strukturelle Gewalt", mit der die gewaltförmigen Lebensbedingungen außerhalb der Familie gemeint sind, als Ausdruck einer „kinderfeindlichen Gesellschaft" interpretiert. Dabei besteht in der Wissenschaft Einigkeit darüber, dass familiäre Gewalt sehr häufig durch strukturelle Gewaltbedingungen gefördert wird, dass beide Gewaltformen also in einem engen Zusammenhang stehen. Dieses Argument ist im Wesentlichen zutreffend. Aber es reicht nicht aus, um einer ganzen Gesellschaft den Stempel der „Kinderfeindlichkeit" aufzudrücken.

Dazu muss man bedenken, dass der Begriff in den 70er Jahren aufkam und im Rahmen der Demokratiebestrebungen zu einem beliebten Schlagwort im Kampf gegen autoritäre Strukturen wurde, die sicher im Vergleich zu den heutigen Entwicklungsbedingungen von Kindern „kinderfeindlicher" waren. Wer heute seine Kinder noch schlägt, sie seelisch oder körperlich grausam behandelt oder gar missbraucht, kann sich nicht mehr auf seine „elterliche Gewalt" berufen. Dieser Begriff des Elternrechts wurde erst 1980 durch den der „elterlichen Sorge" ersetzt.

Der Vorwurf der „Kinderfeindlichkeit" wurde und wird noch heute außerdem mit der großen Zahl der jährlich im Straßenverkehr getöteten und verletzten Kinder begründet, mit dem Mangel an Krippen, Kindergärten, Hort- und Spielplätzen, mit beengten Wohnverhältnissen, Arbeitslosigkeit der Eltern, einer für Kinder unzumutbaren Fernsehkultur, den ökologischen Gefahren für die Kindergesundheit und manchem anderen („strukturelle Gewalt"). Aber lassen all diese nicht bestreitbaren Mängel und Missstände auf eine kinderfeindliche Grundeinstellung in der Gesellschaft, auf eine kollektive „Kinderfeindlichkeit" schließen?

Unter Feindlichkeit verstehen wir eine gezielte, auf ein Objekt oder eine Gruppe gerichtete Aggression, die im Fall eines unlösbaren Konfliktes in letzter Konsequenz deren Auslöschung anstrebt. Der Brockhaus definiert „Feindschaft" als „Verhältnis zwischen Personen und sozialen Kollektiven, das durch entschiedene Ablehnung des Seins des anderen gekennzeichnet ist, die im Extremfall bis zum Vernichtungswillen reichen kann". Der Begriff „Kinderfeindlichkeit" unterstellt also ein kollektives Unbehagen gegen Kinder von destruktivem Ausmaß. Er suggeriert eine bewusst inszenierte Aggression, mit der sich die Gemeinschaft durch geplante Maßnahmen oder Unterlassungen von ihren Kindern abgrenzt und sie dabei letztlich aufs Spiel setzt.

Selbst bei einem weiten historischen Rückblick wird man kaum auf Gesellschaften treffen, die in diesem Sinne „kinderfeindlich" waren – obwohl das die Psychohistorie der Kindheit zunächst nahe legt. Die von ihr häufig zitierten Kindesopfer vergangener Epochen, die aus heutiger Perspektive als „feindlich" erscheinen, betraf in der Regel besonders ausgewählte Kinder, die im Horizont der herrschenden Glaubensrichtungen und Rituale durch ihren Tod der Gemeinschaft Nutzen bringen sollten und deswegen geheiligt wurden. Hierfür stehen zum Beispiel Agamemnon und seine geopferte Tochter Iphigenie aus der griechischen Tragödie sowie der biblische Abraham und sein – letztlich nicht geopferter – Sohn Isaak. Auch die erlaubten oder tolerierten Kindestötungen in vielen Gesellschaften von der Frühgeschichte bis in die Gegenwart sind nicht Ausdruck einer generellen „Kinderfeindlichkeit", sondern Maßnahmen zur Erhaltung des ökologischen Gleichgewichts der jeweiligen Gemeinschaften. Aus ethischer Sicht unterscheiden sie sich nicht grundsätzlich von der modernen Form der „Kindestötung" – der Abtreibung, die nach ihrer gesetzlichen Legitimierung im öffentlichen Bewusstsein allgemein auch nicht als „kinderfeindlich" eingestuft wird. Frühere Gesellschaften konnten es sich gar nicht leisten, „kinderfeindlich" zu sein, weil von der ständigen Reproduktion des Nachwuchses ihr Überleben abhing.

Der Begriff „Kinderfeindlichkeit" trifft die Sache nicht und führt zu unnötigen Widerständen und Polarisierungen beim Verständnis des Phänomens Werteverrat. Wenn man dazu noch die globale Dimension im Blick hat, muss gefragt werden: Wie ist zu begreifen, dass die zivilisierten Industrienationen mit ihrem unermesslichen Reichtum nahezu tatenlos zusehen, wie in den unterprivilegierten Ländern jährlich noch immer 11 Millionen Kinder unter fünf Jahren an Unterernährung und vermeidbaren Krankheiten sterben, wie sie – nach Schätzungen von UNICEF ca. 250 Millionen – verelendet und entrechtet durch Kinderarbeit ausgebeutet werden oder auf den Müllkippen von Manila und anderen Weltmetropolen um ihr Überleben kämpfen; oder die heimatlosen Straßenkinder überall auf der Welt, deren Zahl stetig anwächst, die der Drogensucht und Kriminalität verfallen, ohne je zu erfahren, was Selbstachtung und Selbstbestimmung sind, Millionen von Kindern und Jugendlichen, vor allem Mädchen, die zur Prostitution gezwungen sind und auf dem Markt pornographischer Lüste ihre Würde zu Grabe tragen? Wie ist all das Unfassbare, Unbegreifbare zu begreifen? Hier von einer globalen Kinderfeindlichkeit zu sprechen, erscheint, so nahe es läge, ebenso falsch wie in allen anderen genannten Beispielen. Diese Katastrophen sind nicht gezielt gewollt, entstammen keiner spezifischen Aggression der Gesellschaften in der bewussten Absicht, Teile der Kindergeneration auszugrenzen und, wenn möglich, zum Verschwinden zu bringen.

Hinter allen Phänomenen breitet sich – so meine These – ein Ozean der Gleichgültigkeit aus. Und Gleichgültigkeit als affektive Qualität zwischenmenschlicher Beziehungen ist, so die Unterthese, entgegen allem Anschein in psychologischer Hinsicht verhängnisvoller als Feindseligkeit. Diese Unterthese möchte ich als Erstes begründen und mit einer Fallbeschreibung einleiten.

2. „Ich renne immer gegen Watte und löse mich in Watte auf": Sven (Fallbeispiel)

Sven war siebzehn Jahre alt, als er von seinem Ausbilder, einem Schreinermeister, angemeldet wurde. Er mache sich Sorgen um den Jungen, er sei so „merkwürdig"; er fürchte, dass Sven die Lehre nicht schaffe, weil ihn eigentlich nichts interessiere. Von dem Meister erfuhr ich weiter, dass Sven den Hauptschulabschluss nur dank der Gunst der Lehrer geschafft habe; er habe ihnen Leid getan. Die Eltern seien nicht greifbar, seien noch nie am Arbeitsplatz des Sohnes erschienen und kümmerten sich offenbar kaum um ihn.

Sven ist ein schüchterner, etwas unscheinbar wirkender Jugendlicher mit einer fast maskenhaft erstarrten Mimik. Erst nach mehrfacher Aufforderung setzt er sich mir schräg gegenüber in den Sessel und schaut abwesend auf den Boden. Ich lasse ihm Zeit. Nach einigen Minuten erzähle ich ihm, was mir sein Ausbilder mitgeteilt hat. Er reagiert mit Schweigen und vermeidet weiter einen Blickkontakt. Ich hatte nicht den Eindruck, dass Sven aus Angst oder Trotz schwieg oder dass er innerlich besonders gequält war; eher drängte sich der Verdacht einer autistischen Störung auf, die durch einen Rückzug von der Welt und dem eigenen inneren Erleben charakterisiert ist. Der Verdacht bestätigte sich, als ich ihn fragte, was er jetzt wohl fühle, wenn er so vor sich hin schwiege. „Ich fühle gar nichts, in mir ist alles leer", sagte er mit monotoner Stimme.

Es wurde eine schwierige und lange Therapie von drei Jahren, an deren Ende Sven seine Lehre erfolgreich abgeschlossen hatte, einen kleinen Freundeskreis besaß und anfing, sich für Mädchen zu interessieren. Aber es fiel ihm weiter schwer, sich mit außerberuflichen Dingen zu beschäftigen und wirkliche Freude, Spontaneität und Lebendigkeit zu empfinden.

Was war mit dem Jungen geschehen? Soweit die Vertiefung seiner Lebensgeschichte gelang, ließ sich daraus folgendes Bild rekonstruieren. (Es wurde im Verlauf der Behandlung durch drei Gespräche mit den Eltern ergänzt.)

Svens Mutter war bei seiner Geburt 40 Jahre alt, sein Vater 47. Bereits zu diesem Zeitpunkt schien das Lehrerehepaar durch den Beruf ausgelaugt zu sein. Sie hatten spät geheiratet. Ein Kind war nicht geplant. Sven wurde nicht gestillt und kam nach drei Monaten in eine Krippe, weil Frau R. durch einen längeren Erziehungsurlaub eine zu starke Minderung ihrer Pension fürchtete. Anfangs waren beide Eltern sehr unglücklich über die Anwesenheit des Kindes. Es gelang ihnen auch in all den folgenden Jahren nicht, eine emotionale Beziehung zu ihrem Sohn aufzubauen. Aber das Erschreckende war, dass sie sich an diesen Zustand gewöhnt hatten und kaum mehr darunter zu leiden schienen. Dabei waren sie zu gebildet und in ihrem Verhalten zu kontrolliert, als dass sie Sven ihre untergründige Ablehnung offen hätten spüren lassen. Nach der inneren Formel „Wenn wir ihn schon nicht lieben, wollen wir ihm wenigstens unsere Enttäuschung nicht zeigen" entwickelten beide zur Bewältigung des Konfliktes ein Abwehrarrangement aus Desinteresse und Indifferenz.

Wie es in solchen Konstellationen meistens der Fall ist, war die Ablehnung nicht nur in den äußeren Ursachen von Alter, beruflicher Überlastung und egoistischen Bedürfnissen begründet. Die Gespräche mit den Eltern ergaben bei beiden auch innere Gründe, die allerdings in der Beziehung zu ihrem Sohn unbewusst blieben. Frau R. hatte einen drei

Jahre jüngeren Bruder, der in seinem bisherigen Leben gescheitert war. Nachdem ihre Mutter die Familie verlassen hatte, als Frau R. sechs Jahre alt war, musste sie nicht nur ihren Vater emotional unterstützen, sondern auch für ihren Bruder die Mutterrolle übernehmen. Diese Überforderung und ihre Schuldgefühle darüber, dass trotz ihrer Bemühungen ihr Bruder, den sie noch heute finanziell unterstützte, ein „sozialer Versager" war, verwandelte ihre anfängliche Liebe in einen tiefen Hass. Diesen konnte sie jedoch nicht ausdrücken, um den Bruder nicht noch weiter zu gefährden. Sie konnte sich vor ihren Aggressionen nur schützen, indem sie sie verdrängte und sich emotional von dem Bruder völlig zurückzog. Als Sven geboren wurde, geriet Frau R., ohne es zu ahnen, in eine verhängnisvolle Bruderübertragung, bei denen sie die enttäuschenden Erfahrungen mit ihrem Bruder auf ihren Sohn übertrug.

Herr R. entwickelte eine nicht weniger dramatische Bruderübertragung auf Sven. Er hatte einen vier Jahre älteren Bruder, der ihm durch Intelligenz, Aussehen, Sportlichkeit und Charme zeitlebens weit überlegen war. Als Erstgeborener und wegen seiner Begabung zog er die Aufmerksamkeit und Zuwendung der Eltern voll auf sich und wurde beruflich erfolgreicher. Die aussichtslose Rivalität mit dem Bruder war für Herrn R. mit schmerzlichen Verletzungen und Einbußen in seiner Selbstachtung verbunden. Er wappnete sich dagegen durch Verleugnung des Bruders, durch Nichtwahrnehmung und völligen Kontaktabbruch. Durch Svens Geburt wurde in ihm das Bruderbild reaktiviert, und er wehrte sich gegen den Sohn mit den gleichen Mechanismen der Nichtbeachtung und Teilnahmslosigkeit.

Beiden Eltern war das innere Drama ihrer Geschichte, das sie in der Beziehung zu Sven wiederholten, nicht bewusst. Sie spürten keinen Hass, keine Aggression, keine Böswilligkeit, nicht einmal Kälte – sie spürten nichts, nur eine undefinierbare, konturlose Gleichgültigkeit. Sie merkten kaum, dass er da war. Er hätte auch weg sein können. In dieser bis zur Gefühllosigkeit erstarrten Beziehung konnte Sven seit der Geburt nie erleben, wer er war, ja, ob er überhaupt jemand war. Ihm fehlten die elementaren Erfahrungen, die zu jeder Entwicklung notwendig sind, die bestätigende Spiegelung, das Gehaltenwerden, der Dialog, der Austausch der Affekte, ob liebevoll oder wütend, die Konfrontation mit Grenzen und Regeln. „Ich war meinen Eltern immer egal." Mit dieser Formel brachte Sven das Motto seines Lebens zum Ausdruck, das ihn wie ein Vakuum umgab. Er fühlte nichts, nicht sich selbst und nicht die anderen, weil diese ihm entzogen blieben. Ohne Zuwendung, ohne Reibung, ohne Konflikt bleibt die eigene Gefühlswelt resonanzlos und versickert in der Spürlosigkeit der Leere. Sven schilderte Alltagszenen zu Hause, die sich beim Versuch der Einfühlung in das Geschehen selbst auf mir noch wie Mehltau niederließen, eine Taubheit, in der auch der Schrei nach Beachtung widerhalllos verstummte. Sven drückte es in dem Bild aus: „Ich habe das Gefühl, immer gegen Watte zu rennen und mich in Watte aufzulösen."

3. Die Gefahren der Gleichgültigkeit

Seit den Hospitalismusforschungen von René Spitz, John Bowlby, Anna Freud und vielen anderen konnten Säuglingsbeobachtungen und psychotherapeutische Erfahrungen mit Kleinkindern, Schulkindern, Jugendlichen und Erwachsenen immer wieder die Erkenntnis bestätigen, dass emotionale Gleichgültigkeit im Verhältnis von Eltern zu ihren Kindern zu den schwersten, wenn auch meist unerkannten traumatischen Bedingungen für die frühkindliche Reifung gehört. An den extremen Beispielen von langen Krankenhausaufenthalten, Heimunterbringungen und fast ausschließlicher Krippenerziehung lässt sich leicht nachweisen, wie Kinder trotz bester äußerer Versorgung seelisch verkümmern und in ihrer psychosozialen und intellektuellen Entwicklung zurückbleiben, wenn keine (oder eine zu geringe) emotionale Bezogenheit zu wenigstens einem nahen Menschen existiert. Nur wenn das Kind im affektiven Austausch mit seiner Umwelt die Erfahrung macht, als „Du" persönlich gemeint zu sein, kann es auch ein Bewusstsein für das „Ich" als Träger seines Identitätsgefühls entwickeln.

Wenn man von den traumatischen Folgen der schweren körperlichen Misshandlung und des sexuellen Missbrauchs absieht: Man ist als Psychotherapeut immer wieder überrascht, wie relativ unbeschädigt Menschen ein überwiegend feindliches Klima während ihrer Kindheit überstehen und die damit verbundenen Konflikte kreativ lösen können. Die Erklärung dafür, dass selbst destruktiv aufgeladene Beziehungen oftmals geringere seelische Schäden verursachen als emotional indifferente Nicht-Beziehungen, liegt im Vorhandensein bzw. Fehlen affektiver Resonanzen. Ein Beispiel sind die Kinder, die in einem emotional dürftigen Milieu aufwachsen und die durch üble Späße und wiederholten Ungehorsam die Umwelt zu Strafmaßnahmen bis zur körperlichen Gewalt reizen, ja, diese geradezu provozieren. Ihr scheinbar unerklärliches Verhalten erwächst aus einem Bedürfnis nach einer emotionalen Antwort und basiert auf dem Wunsch nach Gesehen-, Beachtet- und Gehörtwerden. Dabei werden die negativen Reaktionen in Kauf genommen, weil sie immerhin Ausdruck einer Beziehung sind und der Gefahr innerer Entleerung entgegenwirken. Selbst der Hass drückt noch eine Beziehung und eine Form der Auseinandersetzung aus.

Schon seit geraumer Zeit werden Lehrer, Sozialpädagogen, Ärzte, Jugendpsychiater und Psychotherapeuten durch die stetige Zunahme von Krankheitsbildern bei Jugendlichen und Heranwachsenden alarmiert, die eine neuartige Psychopathologie aufweisen. Von diesen Störungen ist die Verbreitung des selbstverletzenden Verhaltens am auffälligsten. Dabei ritzen sich die Betroffenen, in der Mehrzahl junge Mädchen, mit Rasierklingen, Messern oder Glasscherben oberflächlich die Haut verschiedener Körperpartien auf oder fügen sich tiefe Schnittwunden zu. Die Selbstschädigung erfolgt meistens als dramatische Inszenierung, in die die Umwelt (durch den Appell an ärztliche Versorgung und andere Formen des Verständnisses, des Mitleids und der Zuwendung) unmittelbar einbezogen wird. Dieses Verhalten ist als verzweifelter, deshalb völlig verzerrter, Versuch einer Kontaktaufnahme zu sehen. Doch gleichzeitig vermittelt es eine große Intensität des Selbsterlebens: Durch die Empfindung von Schmerzen können diffuse und unerträgliche innere Spannungen abgeführt und eine Selbstvergewisserung darüber erzeugt werden, dass man körperlich und seelisch existiert. „Erst durch den Schmerz kann ich mich spüren." – „Wenn das Blut fließt, merke ich, dass ich noch lebe." Diesen letztmöglichen Formen der Symbolisierung von Lebendigkeit liegt ein tiefgreifender Mangel an inneren Strukturen zugrunde, der für die seelische und körperliche Fühllosigkeit verantwortlich ist.

Unter den Faktoren, die den Mangel verursachen, stellt die Erfahrung der Gleichgültigkeit des familiären und sozialen Umfeldes einen, wenn nicht *den* entscheidenden Grund dar. Die epidemische Zunahme der Selbstverletzungen im Jugendalter deutet darauf hin, dass die Qualität der Beziehungen von Erwachsenen zu Kindern immer stärker durch einen Entzug von Anteilnahme, Interesse und Besorgtsein geprägt wird.

Die Diagnose einer kollektiven Indifferenz und Teilnahmslosigkeit lässt sich auch bei einer Reihe anderer „Zeitkrankheiten" stellen, die immer häufiger bei jungen Menschen auftreten. Sowohl bei der Bulimie, die durch einen Wechsel von quälenden Fressanfällen mit anschließendem Erbrechen gekennzeichnet ist, als auch bei der Magersucht mit ihrer inneren Weigerung, die psychosexuelle Reifung als Entwicklungsaufgabe der Pubertät anzustreben, findet man als gemeinsames Merkmal der Psychodynamik eine tiefe Unsicherheit im Selbstwerterleben und in der Identität. Die Lebensgeschichten beider Patientengruppen enthüllen in der Regel ein erschreckendes Ausmaß an innerer Bindungslosigkeit zu den primären Objekten – zu den Müttern und Vätern, die durch einen gesicherten Sozialstatus, beste äußere Versorgung und eine oft überfürsorgliche Liebe nur mühsam kaschiert wird.

Die innere Leere als Resultat eines von früh an erfahrenen emotionalen Desinteresses findet sich nicht zuletzt auch bei der Drogensucht und den meisten Selbstmordversuchen und Selbstmorden im Jugendalter. Wenn das eigene Leben in der Wertschätzung der anderen bedeutungslos wird, ist es auch nicht wert, bewahrt zu werden.

Wie an früherer Stelle beschrieben, erfolgt die Kodierung von individuellen und sozialen Werten ab der Geburt im engen Gefühlsaustausch mit den Eltern und ab der Kindheit durch Nachahmung und Identifikation mit ihnen und dem weiteren Umfeld. Das „Programm" dieser Kodierung wird in der Jugendzeit fortgeschrieben und erweitert. Wenn sich das Kind jedoch nicht eine Zeit lang als Zentrum des Universums erleben kann, sondern in einem Ozean der Gleichgültigkeit versinkt, bleibt seine innere Strukturbildung mit den Werteinstanzen von Selbst, Ich und Über-Ich diffus. Ein in der Kindheit durch Gleichgültigkeit imprägniertes Selbstwertsystem wird beim Zusammentreffen mit sozial indifferenten Strukturen im Laufe der weiteren Entwicklung bis zur Pubertät dazu führen, dass der Jugendliche kaum mehr in der Lage sein wird, eine stabile Identität und einen sozial verbindlichen Wertekosmos aufzubauen. Die familiären und außerfamiliären Beziehungen bilden eine enge Einheit. Steht diese unter dem Vorzeichen der Gleichgültigkeit, wird der Wert des eigenen Lebens und der des Lebens der anderen nichtig.

Die Geschichte von Sven und die kurzen Hinweise auf zeittypische Krankheitsbilder in der Pubertät und Adoleszenz sind Belege dafür, dass sich Gleichgültigkeit auf die psychische Entwicklung schlimmer, also in höherem Maße krank machend, auswirken kann als eine von offener Ablehnung und Aggression geprägte Beziehung.

„Kinder sind das höchste Gut einer Gesellschaft", so oder in ähnlichen Formulierungen steht es nicht im Grundgesetz, aber in den Verfassungen einiger Bundesländer. Von diesem Geist sind auch die zitierten „Konventionen über die Rechte des Kindes" der UNO von 1990 mit ihrem Aktionsprogramm der „Deklaration zum Überleben, zum Schutz und zur Entwicklung von Kindern" diktiert. Die darin formulierten Zielvorgaben für verbesserte Lebensbedingungen von Kindern und Jugendlichen wurden 1996 vom Europarat in einer „Europäischen Charta der Rechte des Kindes" zusammengefasst.

Der bereits zitierte „Millenniumsgipfel" der UN im Jahr 2000 unterstrich die dringliche Umsetzung dieser Zielvorgaben und verlangte die weltweite Sicherstellung einer Grundbildung für alle bis 2015. Das bisher letzte historische Ereignis dieser Art war der Weltkindergipfel 2002. Zum erstenmal in ihrer Geschichte widmete die UN-Generalversammlung eine ganze Sitzung ausschließlich den Belangen von Kindern. Hunderte von Kindern nahmen als Mitglieder offizieller Delegationen daran teil. Die Staats- und Regierungschefs verpflichteten sich zur Schaffung einer „kindgerechten Welt".

Alle diese Erklärungen und Vertragswerke haben jedoch keinen rechtsverbindlichen Charakter. Vordergründig sind sie moralische Manifeste des guten Willens mit der Absicht, den Grundwerten von zivilen Gesellschaften näher zu kommen. Dabei dienen die idealistischen Vorstellungen keineswegs nur humanistischen Zielen, sondern entsprechen auch den konkreten Anforderungen, die an Kinder und Jugendliche als künftige Mitglieder der sozialen Gemeinschaft gestellt werden. Nur durch körperliche und seelische Gesundheit, soziale Sicherheit und Bildung können die kindlichen Ressourcen später für den produktiven Aufbau der Gesellschaft und die Konkurrenzfähigkeit auf den Weltmärkten genutzt werden – Voraussetzungen, die im Rahmen der Globalisierung besonders für Kinder der Dritten Welt gelten. Aus dieser Perspektive deuten die vielen internationalen Vorhaben zur Stärkung der Kinderrechte seit 1990 nicht in erster Linie auf einen demokratischen und humanen Wertezuwachs in der Weltgemeinschaft hin, sondern stehen unter dem Vorzeichen globaler Markterfordernisse. Dieses Ziel lässt sich nicht automatisch als Nachteil werten, weil mit seiner Durchsetzung die Lebensbedingungen der Kinder dieser Welt „nachhaltig" verbessert und mehr Ausgleich und soziale Gerechtigkeit erreicht würden. Und jedenfalls könnte man erwarten, dass der internationale Staatenverbund alles daran setzt, dieses marktorientierte Zukunftsziel der Wettbewerbsfähigkeit entschlossen zu verfolgen.

Tatsache ist jedoch, entgegen allen offiziellen Proklamationen und trotz der ausreichenden materiellen Möglichkeiten der Staatengemeinschaft, dass sich die Situation von Kindern und Jugendlichen in allen Teilen der Erde nur in Teilbereichen und dort auch nur leicht verbessert, in anderen Bereichen dagegen eher noch verschärft hat. So fasst der jüngste Bericht von UNICEF „Zur Situation der Kinder in der Welt" von 2005 die Ergebnisse kritisch zusammen: „Fünfzehn Jahre sind seit der Verabschiedung der Konventionen über die Rechte des Kindes vergangen. Der weltweite Einsatz für Kinderrechte wurde dadurch beflügelt. Trotzdem ist für Millionen Kinder alles, was ihnen in den Konventionen versprochen wurde, nicht eingelöst worden ... Welchen anderen Schluss sollte man daraus ziehen, als dass die Erwachsenen gegenüber diesen jungen Menschen versagt haben – und dies weiter tun? Dabei stehen die Chancen heute gut, die Rechte der Kinder zu verwirklichen. Die nötigen Ressourcen – Wissen, Geld, Technik, Menschen – sind vorhanden. Alle Kennziffern belegen, dass die Welt reicher ist als je zuvor. Auch die Richtung ist klar. Die Strategien sind ausgearbeitet ..."[25]

Der ernüchternde Widerspruch zwischen den Parolen und Deklarationen der Protagonisten des Globalisierungsprojekts und der faktischen Verweigerung ihrer Umsetzung lässt sich kaum anders erklären als durch eine globalisierte Gleichgültigkeit gegenüber den Zukunftsinteressen der nachfolgenden Generationen.

4. Warum Kinder zum Problem werden

Die Gründe für die „Kindergleichgültigkeit" in den hoch entwickelten Industrieländern und denen der Dritten Welt unterscheiden sich deutlich. In Ersteren haben die strukturellen Veränderungen der Gesellschaft im letzten Jahrhundert auch das Verhältnis der Generationen grundlegend gewandelt. Die Einführung des sozialstaatlichen Prinzips, des Rentenwesens und der gesetzlichen Arbeitslosen- und Krankenversicherung sowie die zunehmende Berufstätigkeit der Frauen und die Abschaffung der Kinderarbeit haben Eltern während ihres Erwerbslebens, auch in Zeiten von Krankheit und Arbeitslosigkeit, und vor allem im Alter von der Unterstützung durch ihre Kinder in der Regel vollständig unabhängig gemacht. Damit fand eine neue Konstruktion von Kindheit statt, die Kinder und Jugendliche von der Last der Versorgungsaufgaben für die Familie befreite. Umgekehrt wurden sie durch den Verlust ihrer wertschöpfenden Funktionen in materieller Hinsicht zu einem „Luxusgut". Immer häufiger wird heute die ökonomische Benachteiligung von Familien mit Kindern gegen deren ideellen Wert aufgerechnet und als wesentlicher Grund für die stete Abnahme der Kinderzahl verantwortlich gemacht. So ist verständlich, wenn in einer Kultur, in der die materiellen über die ideellen Werte zu dominieren drohen, auch die Einstellung zu Kindern einem starken Wandel unterliegt. Wurde früher, außer bei Armutsfamilien, der soziale Status einer Familie und ihre Anerkennung in der Gesellschaft wesentlich an der Anzahl ihrer Kinder gemessen, bleiben heute immer mehr Erwachsene bewusst kinderlos und erhalten dafür noch das Gütesiegel einer gelungenen Emanzipation und Selbstverwirklichung. Der innere Reichtum, den Kinder bedeuten, verschwindet hinter dem Preis, den man finanziell für sie und für den zeitweiligen Verzicht auf das eigene Selbstmanagement zu zahlen hat.

Aber solche äußeren Begründungen reichen nicht aus, um das Phänomen der „Kindergleichgültigkeit" zu erklären. Ihre Ursachen reichen tiefer und erstrecken sich auf eine Reihe ineinander greifender Problemfelder.

Eins der wichtigsten Probleme scheint mir in der speziellen Situation der Familie zu liegen. Die Brüchigkeit von Partnerschaften und die Erfahrung eigener oder fremder schmerzhafter Trennungen führen bei den meisten Menschen zu einem permanentes Misstrauen gegen die Verlässlichkeit von Beziehungen. Vom eigenen Leiden abgesehen, kennt heute jeder Erwachsene genügend Kinder, die auf das

Scheitern der Ehe oder der Partnerschaft ihrer Eltern mit untergründiger Trauer und vielfältigen Entwicklungsschwierigkeiten reagieren. Wie kann man sich noch darauf verlassen, diesem Schicksal zu entgehen und es den eigenen Kindern zu ersparen? Unter diesem Vorzeichen werden Kinder zum unkalkulierbaren Risiko, zum Stressfaktor, zum Abenteuer mit ungewissem Ausgang, durch das die Verantwortungsbereitschaft und -fähigkeit auf Dauer überfordert sind.

Abgenutzte Argumente schleichen sich als Rationalisierungen ein: „Wie kann man noch Kinder in die heutige Welt setzen?" Man wird älter. Der „richtige" Partner fehlt zur „richtigen" Zeit, solange der Kinderwunsch noch lebendig ist. Eines Tages ist es zu spät. Zurück bleibt ein leichter Schmerz, eine unerfüllte Sehnsucht, dann ein leises Bedauern, das langsam in die Gewissheit übergeht, die richtige Entscheidung getroffen zu haben. Anders lässt sich ein kinderloses Schicksal oft nicht bewältigen.

Hinzu kommt die generelle Unsicherheit im Erziehungsauftrag: Wie und auf welches Ziel hin soll man Kinder heute erziehen, zu Menschen, die noch Menschen sind, die aber mit dieser Ausstattung in einem technokratischen Konkurrenzsystem scheitern werden, oder zu flexiblen Leistungscomputern mit radargesteuerter Anpassungsfähigkeit? Es ist alles so schwierig geworden in der Schnelllebigkeit der *modern times*. Sollen es doch die anderen machen, die es besser wissen, die Erzieher, Lehrer, Therapeuten.

Schon steht das zweite Problemfeld an, das die Rücknahme des Interesses am Kind beschleunigt: Der Arbeitsplatz verschlingt mich, und wenn ich mich nicht verschlingen lasse, verschlingen sie meinen Arbeitsplatz. So einfach ist dieses Dilemma. Weniger Zeit, weniger Aufwand für das Kind, das wäre eine Entlastung. Es kann warten, schließlich sorge ich für alle seine Bedürfnisse, es hat doch alles, was es braucht. So nehmen Rückzug und Entfremdung ihren Lauf.

Apropos Arbeit: Was soll aus dem Kind werden, wenn es keine Arbeitsplätze mehr gibt? Vielleicht richten sie dann welche auf dem Mond ein. Die Zukunft hat schon begonnen. Mir soll es gleich sein, ich bin nicht für alles zuständig. Aber vielleicht gibt es ja schon bald keine Zukunft mehr. Die armen Kinder. Nein, diese Gedanken halte ich nicht aus, lieber an was anderes denken, schließlich lebe ich im Heute. Auch die Unerträglichkeit der Zukunftsperspektive kann Schutzmechanismen notwendig machen, die eine emotionale Anteilnahme blockieren.

Der französische Soziologe Émile Durkheim beschrieb 1895 in seinem Werk „Le Suicide" einen Gesellschaftszustand, den er Anomie nannte (aus dem Griechischen: „Gesetzlosigkeit"). Im heutigen Gesellschaftsdiskurs spielt der Begriff wieder eine Rolle. Durkheim verstand unter Anomie einen gesellschaftlichen Wandlungsprozess, durch den traditionelle Ordnungen und Wertvorstellungen zusammenbrechen. Dabei geraten der Einzelne und das „Kollektivbewusstsein" in eine schwere Orientierungskrise von erheblicher sozialer und psychologischer Sprengkraft. Nicht umsonst entwickelte Durkheim sein Anomiekonzept am Beispiel des Selbstmordes und anderer Formen abweichenden Verhaltens.

Neue Begrifflichkeiten erfassen diesen Zustand der Anomie in plastischen Bildern: Epochenwechsel, Zeitbruch, Zeitriss, Zeitenwende, Wendezeit, Risikogesellschaft, Zeitalter der Beliebigkeit, Wertewandel, Wertekrise, Wertezerfall. Die Systemtheorie beschreibt eine ähnliche Entwicklung, wenn die Regeln eines Systems nicht mehr der alten Ordnung folgen. Systeme sind in Regelkreisen funktionierende Einheiten wie das Individuum selbst, die Familie, eine Gesellschaft, die Natur oder physikalische Vorgänge. Die Dysregulation eines Systems kann durch innere Störungen oder durch Einbrüche von außen entstehen. Sie führt dazu, dass das System seine „Homöostase", sein Gleichgewicht, verliert. Seine Balance kann dabei so sehr außer Kontrolle geraten, dass das System selbst zerstört wird.

Auf die psychologische Ebene übertragen bedeutet dies, dass Menschen ihr seelisches Gleichgewicht verlieren, wenn sie durch innere Konflikte und/oder durch eine Unübersichtlichkeit der äußeren Situation überwältigt werden, die sie nicht mehr kontrollieren können. Die Stressforschung beschreibt solche Zustände als „Hilflosigkeit" und „Hoffnungslosigkeit", die zur seelischen Anomie führen, weil der Einzelne nicht mehr in der Lage ist, den Konflikt aktiv zu lösen und aus eigener Kraft eine neue Ordnung in die Unübersichtlichkeit zu bringen. In einer solchen Situation setzen *„defence"*-Mechanismen ein oder, psychoanalytisch gesprochen, Abwehr- und Anpassungsmechanismen, mit denen das Subjekt versucht, sein inneres Gleichgewicht wenigstens auf einem niedrigen Niveau wieder zu stabilisieren.

Die bisherige Beschreibung der Umbrüche in Familie und Gesellschaft und des Rollenwandels von Kindern führt zu der klaren Schlussfolgerung: Kinder, Jugendliche sind heute zum Problem geworden. Keiner weiß mehr, wie es zu lösen sei, da völlig unklar ist, wohin die Reise geht. Durch die Individualisierung von Interessenlagen, den Zerfall verlässlicher Bindungen, die Unsicherheit des Berufslebens und der Zukunft und die allgemeine Werteunsicherheit haben Lebenszusammenhänge an Kohärenz und historischer Kontinuität eingebüßt. Das Gefühl der Anomie im Einzelnen und im „Kollektivbewusstsein" führt zu einer Dauerbelastung, der man nur durch verschiedene Abwehrmechanismen gewachsen ist.

Bezogen auf Kinder und Jugendliche scheint dabei die Gleichgültigkeit eine der wichtigsten Bewältigungsstrategien zu bilden. In einem schleichenden Klima, in dem alles gleichgültig wird, verschwimmen die Maßstäbe, Verantwortlichkeiten und Verpflichtungen. Es kommt auf nichts mehr an, ob gut oder böse. Etymologisch bedeutete „gleichgültig" ursprünglich „gleichwertig", nahm aber im 17. Jahrhundert den Sinn von „unbedeutend" und „uninteressant" an. So weit können Abwehrmechanismen reichen, dass aus dem ehemals „höchsten Gut" unbedeutende, uninteressante und wertlose Objekte werden.

„Kindergleichgültigkeit" ist also eine komplexe Abwehrformation. In ihr werden nicht nur Gefühle der Anomie abgewehrt; sie dient auch dazu, eigene Interessen mit weniger Schuldgefühlen durchzusetzen, ökonomische Belastungen, sozialen Stress und Beziehungsprobleme zu vermeiden oder Zukunftssorgen und Verantwortlichkeiten auszuweichen.

„Kinder sind das höchste Gut einer Gesellschaft." Es muss offen bleiben, woran die Verfasser dieser Devise bei dem schillernden Begriff „Gut" gedacht haben, ob an die idealistische Sprachbedeutung im Sinne von „Gutes", „Güte" und „Freundlichkeit" oder an die materielle Bedeutung von „Vermögen", „Besitz", „Brauchbarkeit" und „Tauglichkeit". In letzterem Sinne sind Kinder heute für das Gemeinwesen nicht mehr von besonderem Nutzen, sondern scheinen tendenziell eher überflüssig zu sein. An diesem Eindruck ändern auch alle gut gemeinten Reden über die Bedeutung von Kindheit und Jugend für den Fortbestand der Gesellschaft wenig. Denn das Missverhältnis zwischen Anspruch und Wirklichkeit in der familiären und außerfamiliären Sozialisation, von dem breite Teile der jungen Generation betroffen sind, erklärt sich nur durch den Zusammenfluss individueller und kollektiver Gleichgültigkeit zu einem undurchdringlichen Ganzen. Damit aber wird der Wertekompass der Jugend orientierungslos. Keine tragende Objektbeziehung aufbauen zu können, Beziehungslosigkeit statt Empathie zu erleben, nicht wertgeschätzt und gebraucht zu werden, sondern sich überflüssig, lästig und vernachlässigt zu fühlen, diese Erfahrung zerstört den Selbst-Wert und das Wir-Gefühl im Sinne des Willkommenseins und der Zugehörigkeit zur Gemeinschaft. So greift die „Kindergleichgültigkeit" schon ab frühester Kindheit destruktiv in die entwicklungspsychologischen Reifungsprozesse ein, die zur Förderung einer selbstbewussten, autonomen und gemeinschaftsfähigen Persönlichkeit unerlässlich sind.

5. Kinder in der Dritten Welt

Gegenüber der Situation in den fortgeschrittenen Industrienationen hat die „Kindergleichgültigkeit" in den Ländern der Dritten Welt andere Ursachen. Die wichtigste lässt sich auf die ebenso einfache wie unbarmherzige Formel bringen: Dort gibt es zu viele Kinder. Die Explosion der Weltbevölkerung geht zu Lasten der Drittweltländer, vor allem der ärmsten unter ihnen. Wo Überfluss herrscht, ist die Gleichgültigkeit nicht fern. Sie bestimmt nicht nur die Einstellung der Regierungen und besitzenden Klassen in den eigenen Ländern, sondern ebenso das Verhalten der Staaten, die diese Entwicklung aufhalten könnten.

Es ist seit langem bekannt und wurde durch die Bilanz der letzten fünfzehn Jahre bestätigt, dass die Länder, die die Kindersterblichkeit am stärksten senken konnten, auch den geringsten Bevölkerungszuwachs verzeichnen. Dies gilt auch umgekehrt: Je höher die Kindersterblichkeit, umso mehr wächst die Bevölkerung. Die Kindersterblichkeit unter fünf Jahren ist nach Einschätzung von UNICEF der zentrale

Indikator für menschlichen Fortschritt, weil er zuverlässige Aussagen über die Ernährungslage, den Gesundheitszustand und den Bildungsgrad einer Bevölkerung erlaubt. Deshalb hat es selbst nach dem Urteil der Weltbank fatale Folgen, besonders Mädchen bei der Bildung zu benachteiligen. Investitionen in ihre Schulbildung seien die ertragreichsten überhaupt, weil Bildung die Kindersterblichkeit senke und den Kinderzuwachs bremse und weil Frauen mit Schulbildung auch ihre Kinder wieder zur Schule schickten.

Trotz all dieser gesicherten Erkenntnisse ist die Kindersterblichkeit weiter sehr hoch, während gleichzeitig die Weltbevölkerung in den letzten zehn Jahren um 800 Millionen gewachsen ist. Die Ursache für die kurzsichtige Politik sieht UNICEF in der Tatsache begründet: „Wiederholt hat die Weltgemeinschaft ihre Ziele verfehlt, was die Verbesserung der Lebensbedingungen für Kinder betrifft ... Es gibt keine Entschuldigung für ein Ignorieren der Herausforderungen. Es liegt in der Verantwortung von Regierungen und Geldgebern, sich der Auswirkungen von Armut, Diskriminierung und Ausbeutung bewusst zu sein."[26]

Ernesto Sábato, ein bekannter argentinischer Kernphysiker und Kinderrechtler, schreibt dazu: „Die erschreckende Schutzlosigkeit, der Kinder ausgesetzt sind, führt uns vor Augen, dass wir in einer unmoralischen Zeit leben. Diese entsetzliche Tatsache nimmt uns wie ein Strudel gefangen, in dem die Worte Nietzsches wahr werden: ‚Die Werte zählen nichts mehr.' Für jeden Menschen ist es eine Schande, dass 250 Millionen Kinder auf der Welt ausgebeutet werden. Sie konnten sich auch auf uns nicht verlassen, auf die Männer und Frauen der Welt, denen ihre Schutzlosigkeit *gleichgültig* ist."[27]

Seit 1990 sind mehr als zwei Millionen Kinder im Krieg getötet worden, mehr als sechs Millionen wurden schwer verletzt. „Kinder gerieten dabei nicht nur zufällig ins Schussfeld, sondern wurden oft auch absichtlich zur Zielscheibe militärischer Angriffe", berichtet UNICEF. Aber sie waren nicht nur Opfer. „Weltweit sind mehr als eine halbe Million Kinder in 87 Ländern von staatlichen Truppen oder nichtstaatlichen bewaffneten Gruppen rekrutiert worden. 300 000 dieser Kinder kämpfen in 41 Ländern als Soldaten."[28] Sie haben es auch nicht besser als die Kinder, die als „Minensuchhunde" in den von Landminen übersäten Erdregionen eingesetzt werden, oder als die Kinder, die als Verkaufsgut im Werte von 100 bis 200 Dollar an obskure Adressaten gehen, ob als Spielbälle der Lust oder als Organspender für die Laboratorien dieser Welt, wobei selbst ihre Tötung zu diesem Zweck einkalkuliert ist.

Ein Ozean der Gleichgültigkeit. Alle diese Kinder und Jugendlichen werden nicht als Subjekte mit einer Leidensgeschichte betrachtet, denen jedes Recht auf Freiheit und Würde genommen wurde, sondern als überzählige Objekte, die man sich selbst überlässt oder über die stumpf, mitleidlos – über die gleichgültig verfügt wird.

VI. Der Triumph der narzisstischen Gesellschaft

1. Der Verlust von Vergangenheit und Zukunft

Die Gleichgültigkeit der älteren gegenüber der jüngeren Generation steht in enger Verbindung zu einer Kultur, die der amerikanische Soziologe Christopher Lasch als das „Zeitalter des Narzissmus" analysiert hat. In seinem gleichnamigen Buch entwickelt er die These, dass sich im 20. Jahrhundert der kollektive Narzissmus als eine ausschließlich auf die Gegenwart bezogene Einstellung in dem Maße entwickeln konnte, in dem sowohl die Vergangenheit als auch die Zukunft an Bedeutung verloren haben und verleugnet wurden. Der Verlust des Bewusstseins für die Kontinuität von Tradition und Geschichte und für die Abfolge der Generationen habe zu einem „Nachlassen eines entschiedenen Sorgens um die Nachwelt" geführt.[29]

Lasch beschränkt sich auf eine ausführliche *Beschreibung* der Erscheinungsformen des Narzissmus beim Individuum und in den verschiedenen politischen und kulturellen Institutionen. Um aber die *Ursachen* des Narzissmus und vor allem seine Auswirkungen auf das Generationenverhältnis zu verstehen, ist zunächst ein Blick auf die wichtigsten historischen Ereignisse notwendig, die Laschs Ausgangsthese belegen könnten.

In der Vergangenheit des 20. Jahrhunderts ragen drei Großereignisse hervor – der Erste und der Zweite Weltkrieg und der Holocaust. Durch die rasanten Fortschritte der

Technik vor und verstärkt nach dem Ersten Weltkrieg haben die beiden Kriege zu einem Inferno an Zerstörung geführt, das den Menschen bis dahin absolut unvorstellbar war. Den Schlussstrich unter den Zweiten Weltkrieg setzten die beiden Atombombenabwürfe über Hiroshima und Nagasaki. Das Entsetzen der Welt über das Ausmaß dieser monströsen Angriffe wurde noch verstärkt durch eine Option, die in den folgenden Jahrzehnten des atomaren Wettrüstens der Supermächte ständig im Hintergrund stand: Künftige Kriege würden mit Atomwaffen geführt und durch ihr gesteigertes Zerstörungspotential in der Lage sein, menschliches Leben auf diesem Planeten restlos auszulöschen.

In engem Zusammenhang zum Zweiten Weltkrieg stand der Holocaust. Die Geschichte lieferte bis dahin genügend Erfahrungen, zu welchen Gräueltaten der Mensch in der Lage ist. Aber der Völkermord an sechs Millionen Juden wurde zu einem Trauma, für das es keine Sprache mehr gab. Die Schuldgefühle und die Scham über das Verbrechen waren für die Deutschen so unerträglich, dass sie nicht verarbeitet, sondern lediglich verdrängt wurden. Dabei kam ihnen das Wirtschaftswunder mit Beginn der 50er Jahre sehr zustatten. Es half, die Blutspuren der Vergangenheit oberflächlich zu verdecken und sich voll in den Freuden des Wohlstands einzurichten.

Dennoch wirken die drei Ereignisse im Zentrum des politischen Geschehens in der ersten Hälfte des 20. Jahrhunderts noch tief in die Gegenwart hinein. Ihre Ungeheuerlichkeiten führten neben der Verdrängung zu solch radikalen Traditionsbrüchen, Glaubensverlusten, existentiellen Ängsten und alptraumhaften Erinnerungen, dass durch sie das Band zu einer weiter zurückliegenden und als glücklicher vorgestellten Vergangenheit zerrissen wurde. Dieser Riss in der Geschichte hat viele aus der Tradition gespeisten

Werte teils ausgelöscht, teils grundlegend gewandelt. Hier dürfte, eingeschränkt auf Deutschland, eine wichtige Ursache für die „Vergangenheitsvergessenheit" liegen.

Die seelischen Auswirkungen der drei Großereignisse für den Einzelnen und das Kollektiv und der mit ihnen verbundene Wertewandel lassen sich am deutlichsten an den verschiedenen kulturellen Strömungen nach beiden Weltkriegen verfolgen. Am tiefsten haben wohl die in den 20er Jahren von Deutschland ausgehenden Richtungen der Existenzphilosophie die Wertordnungen der Wilhelminischen Epoche in ihren Grundfesten erschüttert. Ihr Nachbeben dauert in der Verunsicherung über die Gültigkeit von Werten bis heute an. Die Existenzphilosophen brachen mit der traditionellen Philosophie, indem sie die Existenz des Individuums als einzige und eigentliche Wertbestimmung der Wirklichkeit ansahen. Unzweifelhaft drückte sich in diesem Traditionsbruch die Erfahrung des Ersten Weltkrieges aus, dessen Erschütterungen nicht nur Begriffe wie Autorität, Vaterland, Ehre und andere gemeinschaftsstiftende Werte über Bord warfen, sondern generell Zweifel am Sinn des Glaubens und des menschlichen Daseins weckten. Konsequent beschäftigte sich der Existentialismus aus einer atheistisch-nihilistischen Perspektive mit Grunderfahrungen der Angst, der „Geworfenheit", des Ekels, des Nichts und der Absurdität. In der Sorge um den Einzelnen verwarf er die traditionellen metaphysischen Versuche der Welterklärung und propagierte eine neue Sinnfindung, in der jeder sein Leben auf eigene Art verwirklichen muss.

Zwar überwanden Philosophen wie Sartre, Simone de Beauvoir und Camus in ihren späteren Werken den Nihilismus durch die „Revolte" gegen die Absurdität, indem sie nach humanen Auswegen aus der Sinnkrise durch persönliches, auf Solidarität gerichtetes politisch-emanzipatorisches Engagement suchten. Aber mit der Beschreibung der Sinn- und Wertkrise des zeitgenössischen Menschen hat der Existentialismus das Individuum in seiner vielfach gebrochenen Freiheit zum absoluten Maßstab alles Seienden erhoben und damit auch seine Abkoppelung von der Vergangenheit beschleunigt.

Diese Entwicklung findet sich auch in den Hauptströmungen der Kunst und Literatur nach dem Ersten Weltkrieg wieder. Der Dadaismus, der Surrealismus und der späte Expressionismus brachen mit den vergangenen Normen, Stilen und Anschauungen. Im Bewusstsein der Absurdität der Wirklichkeit drückte sich in ihnen das Erschrecken über das politische Geschehen in Formen und Sprachen aus, die mit den tradierten Begriffen von Kunst nichts mehr gemeinsam hatten. Auch bei ihnen erfolgt also der radikale Bruch mit der Vergangenheit im Zusammenhang mit den Kriegsereignissen. Das Individuum wird zum Rettungsanker, das mit seinen Kreationen verzweifelte Versuche des Widerstandes gegen die Sinnlosigkeit unternimmt. Die drei Kunstströmungen waren in ihrer Theorie und Praxis wegbereitend für die spätere Kunst und Literatur des 20. Jahrhunderts. Stile und Richtungen änderten oft ihren Namen, aber der Stempel, den der Erste und Zweite Weltkrieg und der Holocaust ihnen eingebrannt hat, blieb der gleiche. Die Erfahrungen markierten ein neues Zeitalter. Die Vergangenheit davor war endgültig passé, und die Künstler und Schriftsteller artikulierten stellvertretend für die verstummte Mehrheit ihr Grauen auf höchst individuelle Weise, um nicht selbst der Gefühlsstarre zu erliegen. An diese Zusammenhänge ist auch aus Gründen der Relativierung zu erinnern, weil heute schon wieder von einem „neuen Zeitalter" im Rahmen der Globalisierung gesprochen wird, als wenn die globalisierten Kriege im 20. Jahrhundert nicht bereits einen Epochenwechsel von historisch einmaliger Dimension bedeutet hätten. Auch so geht Vergangenheit verloren und wird der Amnesie überantwortet.

Und die Zukunft? Was hat sie mit dem Narzissmus unserer Zeit zu tun, wie Lasch behauptet? Zur Illustration sollen hier die weltpolitischen Ereignisse nach dem 11. September 2001 dienen. Die Zerstörung des World Trade Centers veranlasste die USA, eine internationale Allianz gegen den Terrorismus zu schmieden. Die erbarmungslosen Kriege gegen Afghanistan und Irak lösten in vielen Ländern der Erde und schließlich auch in einigen Metropolen Europas eine Welle terroristischer Racheakte aus, denen inzwischen unzählige Menschen zum Opfer fielen. Wie in den besten Zeiten des Kalten Krieges ist in den ersten Jahren des neuen Jahrhunderts die Welt wieder in „Gute" und „Böse" zerfallen.

Die erneute Spaltung, diesmal zwischen westlicher und islamischer Welt, weckt weltweit die Furcht vor einer weiteren Eskalation der Gewaltspirale. In Afghanistan und Irak werden keine lokalen Konflikte ausgetragen. Die Konflikte sind global geworden und spiegeln damit das Stadium der Deregulation im Globalisierungsprozess wider. Die Furcht vor weiteren Terroranschlägen ist täglich präsent. Sie beschränkt sich nicht auf die Tötung einzelner Menschen oder kleiner Gruppen, sondern schließt biologische, chemische und atomare Vergeltungsanschläge ein, da der globalisierte Terrorismus über neuartige Kriegsführungsstrategien und Massenvernichtungsmittel verfügt. Deshalb sind die kursierenden Szenarien nicht den politischen Sciencefiction- und Katastrophenfilmen entliehen, die das scheinbar Undenkbare in der Phantasie vorweggenommen haben. Sie basieren auf der Kenntnis der extremen Verletzlichkeit hochtechnisierter Länder. Kernkraftwerke, chemische, biologische und atomare Waffenlager, Chemiefabriken und transnationale

Gas- und Erdölleitungen sind vor gezielten, oft selbstmörderischen Terroranschlägen kaum zu schützen.

Die sich epidemisch ausbreitende Angst findet ihre Bestätigung in den hektischen Bemühungen westlicher Politiker um eine erhöhte Militarisierung, um den antidemokratischen Aufbau eines Sicherheitsstaates und um die Verschärfung ethnischer Ausgrenzung. Keiner bleibt von diesen Maßnahmen unberührt, weder in seinem Lebensalltag noch in seinen inneren Gefühlen von Kontrolle und Bedrohung.

Die Katastrophe am 11. September 2001 und ihre bisher erkennbaren Auswirkungen auf das weltpolitische Geschehen bilden den tragischen Hintergrund für die Frage nach dem Zusammenhang von Zukunftsverleugnung und Narzissmus, wie er von Lasch postuliert wird. In den Ereignisssen schmilzt die Vielfalt der politischen, militärischen, ökologischen und ökonomischen Zukunftsgefahren in ihrer globalen Wirksamkeit zu einem unheimlichen Ganzen zusammen. Seine Ungreifbarkeit, Unberechenbarkeit und Ungewissheit bauen sich in der Phantasie zu Bildern des Horrors auf, in denen Furcht, Angst und Schrecken zu einer Gefühlsmixtur aus Ohnmacht, Hilflosigkeit, Hoffnungslosigkeit und Resignation verdichtet werden. Diese Gefühle sind es aber, die den Rückzug aus der Zukunft einleiten. Das untergründig rumorende Unbehagen produziert apokalyptische Visionen, die auf Dauer seelisch nicht zu verarbeiten sind. Wenn der Einzelne sein Schicksal nicht mehr in eine offene Zukunft hinein entwerfen und diese produktiv mitgestalten kann, sondern im Gegenteil vor ihrem Anblick erstarrt, zieht er seine libidinösen Energien, sein Interesse und Engagement von ihr ab und schützt sich vor ihr durch die ausschließliche Konzentration auf die Gegenwart.

2. Der emotionale Rückzug

Erst eine historische und sozialpsychologische Perspektive, die Vergangenheit und Zukunft übergreift, erklärt die Hochblüte, zu der das 20. Jahrhundert den Individualismus getrieben hat. Bereits in der Renaissance erblickte er als gehätscheltes Kind das Licht der Welt und wurde von den geistigen, politischen, wirtschaftlichen und kulturellen Strömungen der Aufklärung, des Liberalismus, des Neuhumanismus und des Idealismus kräftig gefördert. Aber erst im letzten Jahrhundert erfuhr er die ganze Wucht der Erschütterungen, die mit jedem Erwachsenwerden verbunden sind. Stand noch in den vergangenen Epochen die Idee vom Recht jedes Einzelnen auf Freiheit, Würde und volle Selbstentfaltung im Dienst der zukünftigen Weiterentwicklung einer humanen Gesellschaft im Mittelpunkt, so hat sich der Individualismus der Gegenwart von solchen generationsübergreifenden Zielen weitgehend gelöst. Der erwachsene Individualist von heute ist in seiner ausgeprägten Form der geschichtslose Mensch, der in seiner Vereinzelung über keine Erinnerung an das Vergangene und keine Entwürfe und Hoffnungen für eine bessere Zukunft mehr verfügt. In seinem monadischen Dasein spürt er, dass die Bedeutung, die man einstmals seiner unverwechselbaren Existenz als Mensch zuerkannte, durch das Bewusstsein und die Faktizität seiner Bedeutungslosigkeit abgelöst wurde. Denn das kommt bei aller Abkoppelung von Vergangenheit und Zukunft hinzu: eine Gegenwart, die den Einzelnen in einen technisierten und bürokratisierten Apparat einbindet, in dessen komplexer Allgegenwart sein verwaltetes Ich kaum noch einen Anspruch auf individuelle Freiheit und Entscheidungsspielräume hat und in der seine selbstständige Meinungsbildung durch die Macht öffentlicher Propaganda gebrochen wird.

All diese Voraussetzungen haben dazu geführt, dass sich der heute so hoch gepriesene Individualismus in breiten Bevölkerungsschichten in einen Narzissmus verwandelt hat, der in seinem Facettenreichtum die Illusion von einem autonomen Individuum aufrechterhalten soll.

Was ist Narzissmus? Das Phänomen wurde nach der ersten Beschreibung durch Freud in seiner Arbeit *Zur Einführung des Narzissmus* aus dem Jahr 1914 in den letzten Jahrzehnten unter dem Eindruck vermehrter narzisstischer Persönlichkeitsstörungen und Borderline-Erkrankungen von der Psychoanalyse immer differenzierter erforscht. Nach populärer Meinung zeichnet sich ein Narziss durch Selbstliebe, Eitelkeit, Ichbezogenheit und Eingebildetheit aus. Das ist nicht falsch, aber sehr vereinfacht. Vor allem klammern diese Zuschreibungen die Ursachen solcher Charaktermerkmale aus. Ein Mensch wird nicht als lebenslanger Narziss geboren, sondern dazu gemacht.

Es wurde bereits beschrieben, wie der „primäre Narzissmus" des Neugeborenen, der im Gefühl des absoluten Wohlbehagens in der Mutter-Kind-Einheit wurzelt, im Prozess der Ablösung und der Anerkennung der Unterschiede zwischen dem Eigenen und dem Fremden schrittweise zurückgenommen werden muss. Der Narzissmus des Kleinkindes steht zwar noch stark unter der Einbildung der eigenen Grandiosität, Einzigartigkeit und Allmacht, wird aber durch die Erfordernisse sozialer Rücksichtnahme und Integration erheblich eingeschränkt. Von einer gelungenen Entwicklung des Narzissmus ist dann auszugehen, wenn die narzisstische Besetzung des eigenen Selbst und die Orientierung an den Bedürfnissen der Außenwelt in einem harmonischen Gleichgewicht zueinander stehen. Selbstliebe und Objektliebe sind komplementäre Bedingungen einer reifen Persönlichkeit.

Aber der gesunde Narzissmus als psychische Kraftquelle schöpft nicht dauerhaft aus sich selbst, sondern erneuert sich aus der anerkennenden Rückkoppelung mit der Umwelt. Dieses Angewiesensein auf einen Austausch mit anderen schafft einen Grundkonflikt des Narzissmus, den der Psychoanalytiker Martin Altmeyer auf den Nenner bringt: „Die entwicklungspsychologische Verknüpfung der Illusion der eigenen Unabhängigkeit mit dem Bedürfnis, anerkannt zu werden, dem Erkennen der eigenen Abhängigkeit und der Anerkennung der Unabhängigkeit des Objekts liefert den ‚Stoff', aus dem der Narzissmus gemacht ist."[30] Dort, wo die Spiegelung durch den anderen entfällt oder unzureichend bleibt, beginnt der „Kampf um Anerkennung" bei gleichzeitiger „Verleugnung der Abhängigkeit". Diese Verleugnung als Abwehr gegen die Angst vor Abhängigkeit äußert sich in der Regel als betonte Anstrengung um absolute Unabhängigkeit. So steht der Narzissmus im dauerhaften Konflikt zwischen dem Kampf um Anerkennung bei gleichzeitigem Ringen um Autonomie. Erst diese Dialektik erklärt die oft schwer unterscheidbaren, weil fließenden Übergänge zwischen gesundem Narzissmus, dem zur Normalpathologie gesteigerten Narzissmus und den krankhaften narzisstischen Persönlichkeitsstörungen. Das in der Öffentlichkeit verbreitete Bild betrifft den mittleren Typus des zur Normalpathologie gesteigerten Narzissmus, der in seiner Verbreitung unserem Zeitalter seine spezifische Färbung gibt.

Der Narziss kann nicht genug an Anerkennung bekommen, weil er die reale oder nur phantasierte Erfahrung gemacht hat, zu wenig gesehen, gehört, beachtet und geliebt worden zu sein. Im griechischen Mythos von Narziss ist es das Trauma der Vaterentbehrung, das den Jüngling bindungs- und liebesunfähig gemacht hat, der deshalb süchtig von seinem eigenen Spiegelbild die Bestätigung seiner selbst erwartet, die ihm durch die fehlende Beziehung zum Vater versagt blieb.[31]

Für den Narziss von heute, der nicht genügend Erfahrungen und Erinnerungen an seine Geschichte verinnerlicht hat, die mit der positiven Kraft ihrer Bilder seinen Selbstwert stützen könnten, werden die anderen lediglich zum Spiegel, von denen er uneingeschränkte Bewunderung einfordert. Aus Angst vor neuerlicher Enttäuschung, Zurückweisung und Missachtung vermeidet er verpflichtende Bindungen. Bei seinem Mangel an Einfühlung und Interesse an anderen Menschen wird er in seiner Einstellung und in seinem Verhalten besonders durch zwei Zeitströmungen unterstützt: durch den von Vergangenheit und Zukunft abgekoppelten und ins Extrem gesteigerten Individualismus und durch die zunehmende Herrschaft der Welt des Konsums.

Der Individualismus, der sich mit den Ideologien von Selbstverwirklichung, Emanzipation, Bewusstseinserweiterung und der extensiven Auslegung von Freiheit maskiert, erlaubt dem Narzissten der Postmoderne den emotionalen Rückzug in eine *splendid isolation*, in der er mit glänzenden Selbstinszenierungen seine Mitmenschen zu applaudierenden Zuschauern abwertet. Sein einziges Thema ist sein einzigartiges, sein außerordentliches Ich. Von seinem Publikum erwartet er nicht nur Aufmerksamkeit, sondern fordert in seinen Allmachtsgedanken in oft ausbeuterischem Verlangen auch Fürsorge und Versorgtwerden ein. Er ist derjenige, der das kapitalistische Prinzip der Konkurrenz meisterhaft beherrscht und seine Machtgelüste in ständigem Drang nach Selbstidealisierung und Selbstbespiegelung gegen andere durchsetzt. Dabei kehrt er seine Gefühle von innerer Leere, Selbsthass und narzisstischer Wut auf die Konkurrenten, die er rücksichtslos „ausstechen" muss. Seine Sehnsucht und sein Angewiesensein auf die anderen schwinden unter der Kruste des Zweifels an ihrer echten Anteilnahme aus seinem Bewusstsein.

Das einzige, das sich seinen Wünschen nicht verweigert, ist die Welt des Konsums. Ihre Versprechungen, Verlockungen und ihr ständiges Werben verheißen dem Narzissten die sofortige Befriedigung seiner Bedürfnisse und die Erfüllung höchsten Glücks. Was die Menschen ihm nicht geben können, erfährt er durch den Rausch der Ware. Sie stillt sein ruheloses Begehren und macht ihn für den Augenblick schöner, größer, reicher, ansehnlicher und beneidenswerter. Er handelt nach der Devise: „Bescheidenheit ist eine Zier, doch weiter kommt man mit der Gier."

Die Beschreibung erhellt viele Phänomene der Realität, von denen wir täglich umgeben sind und denen wir uns selbst oft nicht entziehen können. Der Narziss von heute ist kein Einzelgänger, sondern er ist Teil einer narzisstischen Kultur geworden, deren apokalyptische Ängste sich im Tanz um das goldene Kalb des Ego entladen. Auf der Bühne der Politik, in der Hybris des Großmachtdenkens, im exzessiven Materialismus, in esoterischen Zirkeln und spirituellen Heilslehren, im Psychoboom, im Star-, Sport- und Medienrummel, im Talk-Show-Exhibitionismus, in der Lobpreisung des Single-Daseins, in der Pansexualisierung der Reklamewelt, im Maximalismus der Unterhaltungs-, Spaß-, Erlebnis-, Konsum- und Urlaubsgesellschaft, in den Superlativen der Sprache, in den Ritualen des Personen- und Prominentenkults, im Jugend- und Gesundheitswahn, im Körperkult und Schönheitsfanatismus und in der Angst und Verleugnung von Alter und Tod – in allen diesen Inszenierungen herrscht die Illusion über den Wirklichkeitssinn und die Berechnung über die Vernunft. Die Ego- und Gigantomanie sollen, im Dienst reiner Selbsterhaltung und des eigenen Überlebens, den provisorischen Charakter der Existenz und der zwischenmenschlichen Beziehungen, die Trivialisierung des Alltags, das Gefühl des Absurden und das Unbehagen an der Gegenwart verdecken.

Der zum Narzissmus entartete Individualismus macht die viel beklagte und verbreitete Unsicherheit der Gesellschaft darüber nochmals sehr deutlich, welche Werte sie der jungen Generation vermitteln soll. Zu dieser Unsicherheit kann es nur in einer Zeit der Beliebigkeit kommen, in einer Situation, in der die Mehrheit der Bevölkerung vor der Zukunft schon kapituliert hat. Dann werden Kinder und Jugendliche nicht zu Hoffnungsträgern für die Fortsetzung der Geschichte, sondern allenfalls zu narzisstischen Substituten, die die Leere der Erwachsenen ausfüllen und ihrem Leben einen Sinn geben sollen. Lasch meint diesen Zusammenhang, wenn er schreibt: „Von einer Gesellschaft, die fürchtet, dass sie keine Zukunft hat, steht nicht zu erwarten, dass sie den Bedürfnissen der nächsten Generation allzu viel Aufmerksamkeit schenkt, und das allgegenwärtige Gefühl mangelnder historischer Kontinuität – der Fluch unserer Gesellschaft – befällt mit besonders verheerenden Auswirkungen die Familie."[32]

Die gefährlichste Grenze, an die der Individualismus in einer narzisstisch geprägten Zivilisation geraten ist, liegt im Bereich dieser mangelnden „Aufmerksamkeit", Fürsorge, Verantwortung und Förderung der jungen Generation. Wenn das „Zeitalter des Narzissmus" keine „Verwendung" mehr für sie hat und ihr gegenüber in Gleichgültigkeit verfällt, wird die Grenze in ein entfremdetes Niemandsland hinein überschritten.

In einem früheren Zusammenhang war vom Neid der jungen auf die ältere Generation die Rede, der dann auftritt, wenn der Generationenvertrag ein unausgewogenes Verhältnis in den Interessenlagen beider Generationen aufweist. Aber Neid existiert auch in umgekehrter Richtung, von der älteren auf die jüngere Generation. Neid entwickelt sich immer dort, wo Ungleichheiten und Benachteiligungen auftreten. Die Jugendlichen haben Vorteile, um die man sie durchaus beneiden kann. Sie sind jung, gesund, unbekümmert und schön, sie haben „das Leben noch vor sich", „die Zukunft gehört ihnen", sie genießen Freiheiten und andere Privilegien, die „zu unserer Zeit" undenkbar waren: Einfach beneidenswert.

Unter normalen Bedingungen kann dieser durchaus natürliche Neid auf verschiedene Weise verarbeitet werden. Erwachsene können sich mit den Jugendlichen identifizieren, ohne sie deswegen nachahmen zu müssen; aber sie partizipieren an den positiven Seiten des Jungseins, wodurch sie selbst „lebendig" bleiben. Oder sie haben genügend „gute" Erinnerungen und Bilder ihrer eigenen Jugend gespeichert, die sie gegen den Neid immunisieren. Erwachsensein heißt auch: Verzicht gelernt zu haben. So sind sie in der Lage, die Vorzüge des Jungseins altruistisch an die Jugend abzutreten.

Ganz anders bei Narzissten. Der Narzissmusforscher Otto Kernberg bringt es auf die Formel: „Sie empfinden starken Neid auf andere, die etwas haben, was sie nicht haben, und sei es einfach Freude am Leben."[33]

Freude am Leben: Gerade sie wird der Jugend als ungetrübte Tugend unterstellt. Der Jugendkult unserer Gesellschaft basiert auf diesem Missverständnis. Er hat den Neid nicht verarbeitet, sondern enthüllt den narzisstischen Charakter, der durch den primitiven Mechanismus der Nachahmung die Jugend neidvoll ihrer Vorzüge beraubt. Damit findet ein Missbrauch und eine Entwertung von Jugendkultur statt, deren Anderssein nicht akzeptiert werden kann.

Immer wieder beschreibt Kernberg den Neid als durchgehenden Charakterzug des Narzissten und betont die destruktive Komponente dieses Gefühls. Daher ist die Annahme nicht weit hergeholt, dass in einer narzisstischen Gesellschaft der Neid bei der Vernachlässigung der Zukunftschancen der Jugend eine bedeutende Rolle spielen dürfte.

VII. Die seelischen Folgen aufgekündigter Verpflichtungen

1. Die Verletzung des Gerechtigkeitssinns

Der Verrat an den Grundwerten und Grundrechten von breiten Teilen der Jugend durch eine in Gleichgültigkeit und Narzissmus erstarrte Kultur verletzt ein Prinzip, das seit jeher als für die Gestaltung einer humanen Gesellschaft essentiell gilt – das Gerechtigkeitsprinzip. Man wird die individuellen und psychosozialen Auswirkungen des Verrats nur dann ermessen können, wenn man die fundamentale Bedeutung der Gerechtigkeit berücksichtigt. Gerechtigkeit gehört zu den am tiefsten verankerten unter den wertethischen Grundsätzen, die sich im Laufe der Menschheitsgeschichte in das seelische Empfinden jedes Einzelnen eingeschrieben haben. Ohne Gerechtigkeit keine Freiheit, keine Würde, keine Gleichheit und keine Solidarität. Deshalb soll dieser Wert hier etwas ausführlicher behandelt werden.

Die gesellschaftsphilosophischen Wurzeln des Gerechtigkeitsbegriffs gehen auf Platon zurück, der in seinem Hauptwerk *Der Staat* um 380 v. Chr. Gerechtigkeit als umfassendes Prinzip einer idealen Gesellschaft definierte. Seitdem durchzieht der Diskurs über diesen Wert die abendländische Kulturgeschichte. Mit der Aufklärung und der Ausdifferenzierung eines weltlichen Gerichtswesens setzen sich liberale Gerechtigkeitstheorien durch, wie sie vor allem von Kant formuliert wurden. Ihre noch stark idealistisch gefärbten Entwürfe wurden erst in jüngerer Zeit durch die *Theorie der Gerechtigkeit* des amerikanischen Philosophen John Rawls in eine realistische Perspektive gerückt. Rawls erstes Gerechtigkeitsprinzip beinhaltet, dass jeder Mensch das gleiche Recht auf ein größtmögliches Maß an „Grundfreiheiten" besitzt. Nach dem zweiten Prinzip muss bei allen bestehenden Ungleichheiten die Gesellschaft den Nachweis erbringen, dass die weniger Begünstigten aus der Begünstigung der anderen einen möglichst hohen Vorteil ziehen. Rawls beschreibt beide Prinzipien als Grundlage einer „Fairness-Ethik". Sie berücksichtigt einerseits die historische Einsicht in die Grenzen einer allumfassend gerechten Gesellschaft, beharrt aber andererseits auf der Verantwortung für und der Pflicht zu einer optimalen Lösung des Gerechtigkeitsproblems.

Der psychologische Ansatz greift auf die frühesten Erfahrungen in der Familie zurück und betrifft das Eltern-Kind-Verhältnis, elementarer jedoch die Beziehung der Geschwister. Freud hat als erster die Anfänge des Gerechtigkeitssinns erforscht. Anschaulich beschreibt er die Gefühlsmischung aus Neid, Eifersucht und Aggression bei einem Kind, das die anderen als bevorzugt und sich selbst als benachteiligt erlebt. Durch die Notwendigkeit des sozialen Zusammenlebens müssten solche Gefühle jedoch unterdrückt werden. An ihre Stelle tritt die kindliche Forderung nach unbedingter Gerechtigkeit. Erst durch die Erfüllung des Prinzips „gleiche Behandlung für alle" könne sich das Kind mit den anderen identifizieren und dadurch seine Destruktivität in soziale Bahnen lenken.[34]

Die Familienforscher Boszormenyi-Nagy und Spark entwickeln Freuds Ansatz durch eine familiensystemische Sichtweise weiter und stellen Gerechtigkeit ins Zentrum ihres Verständnisses familiärer Beziehungen. „Wir glauben, dass der Begriff ‚Gerechtigkeit der menschlichen Ordnung' ein gemeinsamer Nenner für die Einzel-, Familien- und Gesellschaftsdynamik ist. Wir entschieden uns für das Wort Gerechtigkeit, weil es nach unserer Meinung menschliche Verpflichtung und menschlichen Wert mit all ihrer reichhaltigen Motivierungskraft und Bedeutung widergibt."[35] Sie lehnen sich dabei an das psychologisch-philosophische Konzept Martin Bubers an, der von einer „menschlichen Gerechtigkeitsordnung" spricht, die sich im Laufe der historischen Entwicklung und über zahllose Generationen tradiert als unverzichtbare Basis des sozialen Zusammenlebens herausgebildet habe.

Boszormenyi-Nagy und Spark fragen danach, unter welchen Bedingungen sich der Gerechtigkeitssinn im Rahmen familiärer und gesellschaftlicher Prozesse entwickelt. Sie gehen davon aus, dass innerhalb des Familiensystems jedes Individuum durch seine Sozialisation generationenübergreifende Verpflichtungen und Loyalitäten verinnerlicht, die sein Verhalten und Handeln anderen gegenüber bestimmen. Solche Verpflichtungen und Loyalitäten beruhen ihrem Wesen nach auf Wechselseitigkeit. Kinder können sich ihren Eltern gegenüber nur verpflichtet fühlen und loyal verhalten, wenn diese ihrerseits durch Erziehung, Versorgung und Liebe den Kindern das notwendige Selbstvertrauen vermittelt haben. Gegenseitige Loyalität und Verantwortung als verinnerlichte Werte zwischenmenschlicher Beziehungen sind die zentralen Elemente der Gerechtigkeit. So werde Gerechtigkeit als verallgemeinerte moralische Norm zu einem grundlegenden sozialen Mechanismus, der die Balance familiärer und gesellschaftlicher Systeme in entscheidender Weise reguliere.

Entgegen diesem Idealentwurf von Gerechtigkeit konstatieren die Familienforscher in der Realität den wachsenden Zerfall von Familie und Gesellschaft und sehen seine Ursache in dem zunehmenden Abbau von Verpflichtung, Verantwortlichkeit, Loyalität und Gerechtigkeit, kurz: der Einstellung, „um die Erhaltung der Gruppe selbst bekümmert zu sein ... Was Wunder, dass denen, die schon in der Wiege um das Wesentliche betrogen wurden, später jegliche Umwelt, jede staatliche Institution, ja die Welt selbst zur Zielscheibe der Vergeltung wird."[36]

Die Konzeption des Gerechtigkeitsbegriffs von Boszormenyi-Nagy und Spark stimmt im Wesentlichen mit der Auffassung Erich Fromms überein. Auch er sieht das Gefühl für Gerechtigkeit in der Charakterstruktur jedes Menschen verwurzelt. Dieses Gefühl würde im Laufe der menschlichen Evolution erworben und zum angeborenen Wesensmerkmal. Fromm ist der Meinung, dass die Verletzung dieser historisch gewachsenen und in der menschlichen Natur verankerten Bedürfnisse oder ihre mangelnde Befriedigung zu gleichen Reaktionen führe wie die Frustrierung biologischer Antriebe.[37]

Freud, Boszormenyi-Nagy/Spark und Fromm stimmen also darin überein, dass die Verletzung des Gerechtigkeitsempfindens zu den besonders schmerzhaften Kränkungen gehört und archaische Gefühle von Wut, Hass, Empörung, Neid, Eifersucht und Rache – von Boszormenyi-Nagy und Spark als „Vergeltungsaggression" bezeichnet – mobilisieren kann. Es sind die gleichen Gefühle, wie sie bei schweren Verletzungen des Selbstwertgefühls auftreten. Dieser Umstand macht darauf aufmerksam, dass das Erleiden starker Ungerechtigkeit unmittelbar in das Selbstwerterleben eingreift und als Entwertung der gesamten Person erfahren wird. Gerechtigkeit lässt sich daher auch als ein von früh an verinnerlichtes Gesetz definieren, das über den eigenen Selbstwert entscheidet.

Da es aber auf dieser Welt und unter den Bedingungen der *condition humaine* keine absolute Gerechtigkeit geben kann, weder in der Kinderstube noch im gesellschaftlichen

Kontext, gehört es zur Hypothek jedes Lebens, den Widerspruch zwischen Gerechtigkeitsforderung und erfahrenem Unrecht ohne schwerwiegende Einbußen im Selbstwerterleben ständig neu zu verarbeiten. Aber wo liegen die Grenzen? Denn das Ausmaß an Unrecht und damit der Grad der Verletzungen, die jeder erleidet, schwankt erheblich von Individuum zu Individuum und von Gruppe zu Gruppe. Neben den groben Ungerechtigkeiten wie z.B. Krieg, Vertreibung, politische Verfolgung und Folter, Ausbeutung, Armut, Arbeitslosigkeit existieren zahlreiche subtile Verletzungen des Gerechtigkeitssinns wie Untreue, Verrat, Verachtung, Erniedrigung, Beleidigung, Beschämung, Demütigung. Sie sind in der Alltagsrealität so verbreitet, dass der Mensch eine Elefantenhaut besitzen müsste, um nicht täglich die Verletzungen zu spüren, die seinem Gefühl für Gerechtigkeit und seinem Selbstwertgefühl zugefügt werden. Dabei gehört es zu den besonders tragischen Erfahrungen, dass nicht selten die großen Ungerechtigkeiten eine enge Verbindung mit den subtilen Verletzungen eingehen.

Zum Beispiel erleidet einer, der arm ist, nicht nur die materielle Benachteiligung, sondern er kann zusätzlich der Verachtung seiner Armut durch andere sicher sein. Diese Summation höhlt sein Vertrauen zu anderen Menschen, zur Gesellschaft, zur Welt allgemein und schließlich zu sich selbst oft vollständig aus. Dabei kann es zu einer verhängnisvollen Zirkelbildung kommen, die sich verkürzt so formulieren lässt: Wer ungerecht behandelt wird, wird selbst ungerecht und wird wiederum ungerecht behandelt. Ein klassisches und viel zitiertes Beispiel ist Kleists dramatische Novelle *Michael Kohlhaas;* sie erzählt von einem Pferdehändler, dessen verletztes Rechtsgefühl ihn zum Aufrührer und Mörder werden lässt, woraufhin er selbst zum Tode verurteilt wird. Dieser in der Praxis weit verbreitete Zirkel findet sich bereits im Urbuch der abendländischen Kulturgeschichte, der Bibel, in zahlreichen Variationen psychologisch genau beschrieben und symbolisch verdichtet. Unrecht führt zu Unrecht führt zu Unrecht. Davon handelt zum Beispiel das Buch Genesis, angefangen von den Brüdern Kain und Abel über die Brüder Jakob und Esau bis zu Josef und seinen Brüdern.

Bezogen auf den hier interessierenden Werteverrat an der Jugend stellt sich die Frage, inwieweit mit ihm bereits ein Grad der Verletzung des Gerechtigkeitssinns erreicht ist, der die Toleranz Einzelner oder ganzer Gruppen von Jugendlichen überschreitet.

2. Die Kriminalität verjüngt sich

Ein Symptom, das deutlich in diese Richtung weist, ist die wachsende Kriminalität bei Jugendlichen. Bis vor Jahren noch konnte sie von der Öffentlichkeit als Randphänomen entsorgt und an Jugendbehörden, Polizei und Gerichte delegiert werden. Inzwischen aber nimmt die Beunruhigung zu. Kriminelles Verhalten steigt nicht nur zahlenmäßig dramatisch an; es erfasst auch immer jüngere Jahrgänge und hat sich außerdem, besonders bei Jungen, qualitativ entscheidend gewandelt. Es ist die zunehmende Gewaltbereitschaft, die Angst nicht nur in der Bevölkerung überhaupt, sondern nicht zuletzt auch in der jungen Generation selbst verbreitet. „Gewalt in der Schule" – dieses Schlagwort zeigt neue Formen der Gewalt an: Sie nimmt immer brutalere Formen an, wobei viele Täter mit eisiger Affektkälte handeln, die keine Schuldgefühle, keine Scham, Reue oder Einsicht mehr durchlässt.

Zur Illustration mögen hier einige Zahlen aus der jüngsten „Polizeilichen Kriminalstatistik" für das Jahr 2003 dienen. In ihr werden erst ab 1993 die Kriminalitätsraten für die gesamte Bundesrepublik einheitlich erfasst. Danach stieg die Zahl tatverdächtiger Kinder bis 14 Jahre von 1993 bis 1998 von abgerundet 88 000 auf 153 000 steil an, fiel danach jedoch kontinuierlich bis 2003 auf 126 000 ab. Immerhin beträgt die Steigerungsrate in einem Zehnjahreszeitraum noch zirka 43 Prozent.

Bei den 14- bis 18-jährigen Jugendlichen nahm die entsprechende Zahl von 208 000 (1993) auf 294 000 im Jahr 2003 zu, blieb aber auf diesem Niveau seit 1998 relativ konstant. Bei ihnen betrug die Steigerungsrate ebenfalls rund 40 Prozent.

Die Heranwachsenden bis 21 Jahren verzeichneten einen Anstieg von ebenfalls 208 000 (1993) auf 247 500 im Jahr 2003, wobei sich bei ihnen der Anstieg seit 2000 auf diesem Niveau gehalten hat (Steigerungsrate 19 Prozent).

Bei den „Körperverletzungen", um nur eine der zahlreichen Deliktformen zu nennen, kam es bei den Kindern zu einem Rückgang von 2002 zu 2003 um 1,5 Prozent, bei den Jugendlichen dagegen im gleichen Zeitraum zu einem Anstieg um 3,0 Prozent, und bei den Heranwachsenden um 4,1 Prozent. Bei diesem alarmierenden Delikt sind Jugendliche und Heranwachsende im Vergleich zur Gesamtbevölkerung deutlich überrepräsentiert.

Die Zahlen beziehen sich nur auf die polizeilich ermittelten Tatverdächtigen. Für alle Altersgruppen der Gesamtbevölkerung waren es 2,3 Millionen. Die erfassten Straftaten liegen jedoch fast dreimal so hoch (6,3 Millionen). Hinzu kommt das Dunkelfeld mit seinen nicht ermittelten Tätern und unaufgeklärten Straftaten, das laut Polizeibericht die erfassten Delikte um ein Mehrfaches übersteigt.[38]

Das Ausmaß und die Steigerung der Kriminalität, die unsere Gesellschaft inzwischen durchdringt, sind in der Tat beängstigend. Dabei liegt der Anteil der Kinder, Jugendlichen und Heranwachsenden an allen Tatverdächtigen höher, als es ihrem Anteil an der Gesamtbevölkerung entspricht. Ihre wachsende Kriminalisierung wird zu einer realen Gefahr für das Gesellschaftsgefüge.

Die breite Ursachenforschung zur jugendlichen Delinquenz geht hauptsächlich von zwei Ansätzen aus, einem sozialwissenschaftlichen und einem psychologischen. Sozialwissenschaftler bevorzugen die gesellschaftliche Perspektive. Sie betonen soziale Ungleichheitsverhältnisse als bestimmende Faktoren für kriminelle Entwicklungen. Sie schlagen sich am nachhaltigsten in mangelnder Bildung, fehlender Ausbildung, Arbeitslosigkeit und Armut nieder. Psychologen richten ihr Augenmerk stärker auf die Familie. Von ihnen werden vor allem *broken-home*-Familien mit dem Verlust verlässlicher Bindungen, emotionale Defizite in der Frühsozialisation, pathologische Mutter-Kind-Beziehungen, fehlende, häufig abwesende oder schwache Väter sowie Gewalt, Süchte und chronische Krankheiten in der Familie für Verwahrlosung und Kriminalität verantwortlich gemacht. Nach einer neuesten Untersuchung von Boehnke, Fuß und Hagan stehen in der Regel beide Ansätze in der Wissenschaft völlig unverbunden nebeneinander, was in Widerspruch zu der Forderung nach interdisziplinärer Forschung steht. Dabei kann jeder Ansatz nur Teilantworten liefern, die zum Verständnis des Phänomens unbefriedigend bleiben.[39]

Jede kriminelle Entwicklung im Kindes- und Jugendalter basiert nicht auf einem einzelnen ursächlichen Faktor, zum Beispiel auf der Armut der Familie, einer lieblosen und besitzergreifenden Mutter oder einem autoritären und beziehungsunfähigen Vater; sie ist vielmehr das Produkt eines komplexen Ursachenbündels, in dem familiäre und gesellschaftliche Bedingungen ein dialektisches Verhältnis eingehen. Armut ist dafür ein klassisches Beispiel. Aus der Ethnologie ist bekannt, dass es in Volksgruppen, die in Armut leben, nicht zwangsläufig zur Kriminalität kommt. In ihnen ist Armut ein gemeinsam geteiltes Schicksal, das alle in gleicher Weise betrifft. Als Ungerechtigkeit wird sie erst dort erlebt und mit Kriminalität beantwortet, wo Ungleichheiten entstehen. Je höher der Rang ist, den Besitz, Reichtum und Wohlstand unter den Werten einer Gesellschaft einnehmen, und je weiter die Schere zwischen Bevorzugten und Benachteiligten aufgeht, umso mehr wachsen Begehrlichkeiten und der Ehrgeiz, die privilegierte Position selbst zu erreichen. Unter diesem Blickwinkel ist die wachsende Kriminalität hierzulande ein getreuer Spiegel der immer krasser hervortretenden Ungleichheitsverhältnisse.

Ein Beispiel dafür ist die zunehmende Kriminalität von Kindern und Jugendlichen untereinander. Es sind besonders die sozial Benachteiligten, die aus Neid und Hass die besser Situierten durch Drohung, Erpressung und brutale Gewalt ihres Geldes, ihrer Marken-Turnschuhe und ihrer teuren Kleidung berauben. Diese Delikte, ob in Schulen oder auf öffentlichen Plätzen und Straßen begangen, kommen nur selten zur Anzeige, weil die Geschädigten Angst vor noch schlimmeren Gewalttaten haben.

Wenn man diesen Sachverhalt in eine globale Perspektive rückt, werden die Befürchtungen von Kritikern der Globalisierung verständlich. Bis in die fernsten Winkel der Erde dringen inzwischen über die Medien und die Wirtschaft die Dominanzwerte der westlichen Zivilisation vor und wecken Vorstellungen von einer „besseren" Welt, die das ökonomische und kulturelle Wertegleichgewicht der benachteiligten Länder unterhöhlen. Dieser Vorgang, so die Befürchtung, besitzt eine Sprengkraft, von der uns die Auswanderungsströme nur eine blasse Vorahnung vermitteln.

Aber auch im eigenen Land stehen die Ampeln bereits auf Rot. Wenn sich die Kriminalität in der beschriebenen Weise weiter „verjüngt" und sich immer häufiger nicht mehr in harmlosen Ladendiebstählen, sondern in Formen offener Gewalt gegen Sachen und Personen ausdrückt, nützt es nichts mehr, wie es jüngst wieder Mode wird, die Familie dafür allein schuldig zu sprechen und bei ihr die „Erziehungskatastrophe" oder den „Erziehungsnotstand" zu diagnostizieren. Dabei bleibt unberücksichtigt, wie stark die Familie und vor allem ihre Kinder unter dem Einfluss von Außenwirkungen stehen, die solche kriminellen Entwicklungen begünstigen. Eltern stärker in ihre Erziehungspflicht zu nehmen ist tugendhaft und sicher auch sinnvoll. Aber solche Versuche übersehen meist deren immer geringer werdenden Entscheidungsspielraum unter dem Druck gesellschaftlicher Verhältnisse, die oftmals stärker sind als aller gut gemeinte Wille und die Bereitschaft zu mehr Engagement. Vor allem verharmlosen solche Versuche die in den vorangehenden Kapiteln beschriebenen Ursachen eines Wertewandels, die einem kollektiven Werteverrat an der Jugend Vorschub leisten. Die Kriminalität in der jungen Generation ist lediglich Symptom der Auflösung, in die die Gesellschaft unaufhaltsam hineinzugleiten droht.

Die erschreckendste Umkehrung humanistischer Ideale hat sich seit den 90er Jahren zweifellos im Rechtsradikalismus jugendlicher und heranwachsender Randgruppen vollzogen. Ihr bis zur Mordlust gesteigerter Hass auf jede demokratische Rechtsordnung und alles Fremde ist zu einem Fanal geworden, das jenseits der Verängstigung der Bürger viele Gesellschaftsgruppen zum Nachdenken über deutsche Geschichte und deutsche Gegenwart gezwungen hat. Auch die Wissenschaften beteiligen sich an dem Diskurs, wobei die Meinungen der Sozialwissenschaftler und Psychologen wieder weitgehend unverbunden nebeneinander stehen.[40]

Generell sind nach sozialwissenschaftlichen Untersuchungen der Autoritarismus, die Fremdenfeindlichkeit, der Nationalismus und die Gewalt in der rechtsradikalen Szene

Ausdruck und Folge sozioökonomischer Statusunsicherheit. Unter den Bedingungen der Chancenungleichheit, die nach der Inbesitznahme der ehemaligen DDR durch den westlichen Kapitalismus noch bis heute in den neuen Bundesländern ausgeprägt ist, überfordere es Teile der jungen Generation, die Erwartungen der modernen Gesellschaft an einen individuell zu gestaltenden Lebensentwurf bei gleichzeitiger Anpassung an die Werte einer liberalen Kultur zu erfüllen.

Psychologische Befunde, die meist bei Einzeltätern im Rahmen von Gerichtsgutachten oder klinischer Behandlung erstellt werden, verweisen dagegen mehr auf frühkindliche Traumatisierungen innerhalb der Familie, die zu schweren Defiziten in der Ich-Ideal-Bildung, in der Über-Ich-Strukturierung und im Selbstwertsystem geführt hätten. Die Adoleszenzkrise könne dann nicht normal bewältigt werden, sondern führe zu narzisstischer Besetzung des lädierten Körper-Selbst und zur Idealisierung männlicher Führerfiguren, die den anarchistischen Triebkräften durch Unterwerfung und Gehorsam die notwendigen Grenzen setzten. Es liegt in der Logik solcher psychologischer Befunde, dass rechtsradikale Gewalttäter und Totschläger als Psychopathen und psychisch Kranke klinifiziert werden.

All solche Erklärungsversuche blenden die zunehmende Desintegration von Familien- und Gesellschaftsstrukturen und den sie begleitenden Wertezerfall weitgehend aus. Außerdem lassen sich, abgesehen von der faschistischen Ideologie, die von vielen Experten als reine Rationalisierung des antisozialen Verhaltens interpretiert wird, nahezu alle als für den Rechtsradikalismus spezifisch angenommenen Ursachen auch auf andere Täter übertragen. Die von ihnen einzeln oder in der Gruppe begangenen Körperverletzungen und sexuellen Übergriffe unterscheiden sich in ihrer Grausamkeit, Gefühlskälte und Härte nicht von den Triebdurchbrüchen einer Horde betrunkener Skinheads, ohne dass sie deswegen einer neonazistischen Organisation zuzurechnen sind. Auch überbieten sie zahlenmäßig die rechtsradikalen Ausschreitungen um ein Vielfaches.

Die intensive Beschäftigung ausschließlich mit dem Rechtsextremismus lenkt letztlich von der zunehmenden Brutalisierung der jungen Generation und deren Ursachen ab. Ein solcher Blick auf das Phänomen könnte den Neonazismus als eine lediglich sich politisch maskierende Extremvariante des Protestes erkennbar machen und ein klareres Bild darüber vermitteln, inwieweit Staat und Gesellschaft durch den Rückzug aus der sozialen Verantwortung ihre Loyalitätsverpflichtungen gegenüber der nachwachsenden Generation bereits aufgekündigt haben. Die viel zitierte „Identifikation mit dem Aggressor" in der jugendlichen „Geilheit auf Gewalt" lässt sich nämlich auch als Enttäuschungswut bei Teilen der Jugend auf eine Gesellschaft deuten, durch die ihre Vorstellung von Gerechtigkeit grundlegend erschüttert wurde.

3. Seelische Krankheit und stilles Leiden

„Der Vorteil, heutzutage älter zu sein.
Also sag ehrlich: Möchtest du heute zwanzig sein? Zehn?
die innere Gebärde des Entsetzens: Nur das nicht!"[41]

Unser Verrat an den Jugendlichen ist schrecklich. Christa Wolfs bedrückendes Bekenntnis reicht weit über den damaligen Anlass – die Reaktorkatastrophe von Tschernobyl – hinaus. Es lässt sich auch als heimlicher Triumph einer Erwachsenengeneration lesen, die Saturiertheit des Wohlstands noch vor Eintritt der Sintflut bis zur Neige ausgekostet zu haben. Ihre Gleichgültigkeit, ihr Narzissmus sind allenfalls garniert mit einer Prise Mitleid über das Wenige, das für den Nachwuchs übrig bleibt. Was wir ihm vorenthalten, wird durch wohlklingende Wertparolen kaschiert, die Jugendliche um das betrügen, was sie wirklich brauchen. Ihr eigener Wertehimmel bricht zusammen, wenn sie auf eine gesellschaftliche Realität treffen, die ihren Raum zur „freien Entfaltung der Persönlichkeit" bis zur Bedeutungslosigkeit eingrenzt.

Die Kriminalität ist nur die eine Variante, mit der Jugendliche symbolisch die Grenzen niederreißen, um sich selbstgestaltete Freiräume zu schaffen. Dass sie dabei auch *de facto* Gesetze brechen, verleiht ihrem Handeln den lustvollen Kick der „süßen" Rache und „Vergeltungsaggression". Die andere Variante ist das Heer der Kinder, Jugendlichen und Heranwachsenden, die auf den Einsturz ihrer Werte mit seelischer Krankheit und stillem Leiden reagieren. Ist die Kriminalität eine Domäne der Jungen, die durch ein *acting-out* ihr Lebensgefühl und ihr fragiles Selbstwertsystem zu stabilisieren versuchen, zeigt die bereits erwähnte Ausbreitung der Bulimie, der Anorexie, des selbstverletzenden Verhaltens und der Selbstmordversuche in den letzten Jahrzehnten zeittypische Krankheitsformen bei Mädchen zwischen Frühpubertät und Adoleszenz. Bei ihnen wird nicht das soziale Umfeld zum Austragungsort von Verzweiflung, Hoffnungslosigkeit und schweren Selbstwertkrisen, sondern der eigene Körper. Er symbolisiert die „böse" Welt, die es zu bekämpfen gilt.

Diese Krankheitsbilder werden psychologisch in Wissenschaft und therapeutischer Praxis nach allen Regeln einer psychodynamischen Konflikttheorie interpretiert, ob psychoanalytisch oder stresspsychologisch, wobei Traumatisierungen in den verschiedenen Entwicklungsphasen und ihre Auswirkungen auf die einzelnen Instanzen der Psyche eine entscheidende Rolle spielen. Wichtig erscheint mir die Erweiterung des Krankheitsverständnisses durch die Einbeziehung der Wertedimension. Werte, so sahen wir, regulieren das innere Gleichgewicht des Subjekts und die Beziehung zu seiner Umwelt. Sie sind Mittler in der dialektischen Beziehung zwischen innerer und äußerer Welt. Brüche im Wertesystem führen daher zwangsläufig zu Spannungen, die die seelische Balance erschüttern oder vollständig zerstören können.

Zu den wichtigen traumatischen Erfahrungen gehören schwere Krankheiten und Unfälle, Trennung der Eltern – oft verbunden mit dem endgültigen Verlust eines Elternteils –, Misshandlungen, sexueller Missbrauch, Gewalt und Suchterkrankungen in der Familie, Arbeitslosigkeit des Vaters, Isolation in der Kindergruppe – oft gekoppelt mit der Rolle des Sündenbocks und Prügelknaben –, das Scheitern in Schule, Ausbildung oder Beruf und das dauerhafte Misslingen von Freundschaften und sexuellen Partnerschaften. Psychologisch lösen alle diese Erfahrungen verschiedene Ängste und Affekte von Hass, Kränkung, Minderwertigkeit, Scham und Schuld aus. Wegen ihrer Bedrohlichkeit und Schmerzhaftigkeit werden sie meistens verdrängt und können dadurch seelische und psychosomatische Erkrankungen und dissoziales Verhalten bedingen.

Seelisches Leiden lässt sich erst begreifen, wenn man die konstituierende Bedeutung von Werten für die Integrität der Person in ihrer ganzen Tragweite berücksichtigt. Mit den genannten Traumatisierungen werden zugleich die elementaren Werte von Vertrauen, Fürsorge, Achtung, Geborgenheit, Verlässlichkeit, Liebe, Wahrheit, Gerechtigkeit und Loyalität verletzt und der Glaube an sich selbst und eine fördernde und beschützende Welt zerstört. Werteverlust ist das Bindeglied zwischen privatem Leiden und gesellschaftlichem Versagen.

Neben der beängstigenden Zunahme der genannten Krankheitsbilder gibt es zahlreiche andere Phänomene, die uns das wachsende Scheitern im Zusammenspiel von Familie und Gesellschaft auf erschreckende Weise verdeutlichen. Die Zahl der schwer drogensüchtigen Jugendlichen und Heranwachsenden wird auf 150 000 geschätzt, das weite Dunkelfeld nicht mitgerechnet. Die Anzahl der Alkoholabhängigen im gleichen Alter liegt weit höher, ist aber statistisch noch weniger erfassbar. Das Gleiche gilt für obdachlose Jugendliche und Straßenkinder, die, ob Mädchen oder Jungen, ihr Leben zwischen „Babystrich" und Bahnhofsmission fristen. Auch diese Gruppe nimmt nach Einschätzung der Sozialbehörden stetig zu; sie überschneidet sich teilweise mit anderen Gruppen.

Nach außen hin weniger dramatisch gestaltet sich das stille Leiden der wachsenden Schar der Schulverweigerer, das jährlich 80 000 Jugendliche ohne Schulabschluss produziert; oder die Schmach der einen Million Sozialhilfeempfänger bis vierzehn Jahre unter den insgesamt 14 Millionen dieser Altersgruppe; oder die Hoffnungslosigkeit der über 700 000 arbeitslosen Jugendlichen und Heranwachsenden zwischen 14 und 25 Jahren, die von der Bundesagentur für Arbeit für Juli 2005 gemeldet wurden. Das stille Leiden betrifft auch all die süchtigen Jugendlichen, die sich zu Hause oder in den Chat-Rooms der aus dem Boden schießenden Internet-Cafés in tage- und nächtelangen Computersimulationen ein virtuelles Selbst durch die Beherrschung und Zerstörung anderer als Ersatz für das fehlende Gefühl realer Existenz erschaffen.

Diese Skizze erfasst die realen Krankheiten und Leiden keineswegs vollständig, weder der Art noch dem Umfang nach. Aber sie gibt eine Vorstellung vom Ausmaß des Dramas, das sich im Dunkeln hinter einer Bühne abspielt, auf der die ausgelassenen Feste aus schriller Unterhaltung,

Prunk und Protz, aus Täuschung und Lüge gefeiert werden. Umso greller fällt das Licht auf den kleinen Teil der Jugendlichen, der aus dem Schattenreich der Anonymität hervortritt und in Therapien, Beratungen, Krisenzentren, therapeutischen Wohngruppen, Fixer-Stuben, jugendpsychiatrischen Kliniken, spezialisierten Heimen, Rehabilitationseinrichtungen und in Arbeits- und Sozialämtern ihr unverwahrtes Leben wie einen abgetretenen Flickenteppich ausbreitet. So unterschiedlich die Krankheitsbilder und Leidenszustände in all ihren Schattierungen auch sind, gemeinsam ist ihnen eine Aura, die alle Helfer in einen Zustand tiefer Hilflosigkeit und Trauer versetzt. Es ist die Aura der absolut gewordenen Leere und Sinnlosigkeit, die sich als ratlose Betäubung auch auf die Helfer überträgt. In dieser inneren Welt der Leere sind alle Werte ausgelöscht, verschwimmen Glaube, Hoffnung, Zuversicht, Freude und Selbstvertrauen in einem fühllosen Nebel. Krankengeschichten als Leidensgeschichten, in denen das Persönliche als Ausdruck des Öffentlichen einer moralisch erstarrten Zivilisation in Erscheinung tritt.

IX. Jugendliche auf der Gewinnerseite

1. „Alles ein bürgerliches Vorurteil" – Gespräch mit Timm

Timm ist der 25-jährige Sohn eines Freundes, dem ich vor einigen Jahren mit einer Reihe von Gesprächen über eine mittelschwere Pubertätskrise hinweggeholfen habe. Daraus entwickelte sich unsere Freundschaft. Wir verabreden uns ein- bis zweimal im Jahr zu längeren Gesprächen. Bei unserem letzten Treffen stand er kurz vor dem Abschluss seines Informatikstudiums.

Es war ein sonniger Herbsttag. Wir saßen in einem weitläufigen Straßencafé. Die Tische um uns herum waren von jungen Leuten besetzt, deren ausladende Frühstücksteller mich zu der Frage veranlassten:

„Woher haben die alle das Geld?"

„Die arbeiten oder jobben oder bekommen Stütze", antwortete Timm lakonisch.

„Wie kann man mit Stütze so ein Frühstück bezahlen und nebenbei noch ständig sein Handy bedienen?"

„Ich habe auch seit drei Jahren eine eigene Wohnung, fahre ein Auto, verreise und lade dich heute zum Brunch ein", lachte er.

„Sicher hast du das große Los in der Fernsehlotterie gewonnen."

„Stimmt! Aber nicht einen Platz an der Sonne, sondern in einer Bank; freie Mitarbeit für 500 Euro pro Tag: Die haben keine Ahnung von Organisation und modernen Computerprogrammen."

„Gratuliere! Da verdienst du fast mehr als ich nach vierzig Jahren Berufsarbeit."

„Ist ja auch ein altmodischer Beruf. Wie kann man nur Psychoanalytiker werden?"

„Ich werde über deine Bedenken nachdenken", sage ich und frage: „Aber sag', ist dir Geld wirklich so wichtig?"

„Nein, überhaupt nicht, ich verachte Geld und genieße die viele Knete." Er grinst mich an: „Verstehst du das?"

„So wie die *global players*, die in Luxus leben und andere Leute mit gutem Gewissen um ihr Geld bringen können, weil es ihnen selbst nichts wert ist."

Timm erschrickt ein bisschen: „Du hast mir doch sonst noch nie Moralpredigten gehalten."

„Will ich auch jetzt nicht. Ich will nur verstehen, wie man sich als junger Mensch mit Sozialhilfe an einem Alltag wie heute solche Prachtfrühstücke leisten kann."

Timm weist auf einen Tisch: „Da drüben sitzt Olaf, der Schwarzhaarige mit den schicken Klamotten und dem Handy. Er schickt bestimmt seiner Mutter gerade mal wieder eine Message: ‚Help me!' Sonst nichts. Sie weiß dann schon Bescheid. Sie glaubt, es ginge ihm wieder schlecht und stehe kurz vor einem Selbstmordversuch. Aus 600 Kilometern Entfernung lässt sich das schwer überprüfen."

„Was ist das für ein Typ?"

„Etwas labil, aber sonst o. k., ein begabter Hund. Tut nichts, weil er glaubt, seine geschiedenen Eltern müssten für sein Unglück ‚bluten', wie er sagt. Einer von vielen, deren Beziehung zu den Eltern nur über Geld läuft, du kennst das ja als Fachmann. Da beide keinen Kontakt mehr haben, kann er sie gleichzeitig melken, lebt außerdem von Stütze und jobbt gelegentlich als ‚Hausfreund' eines reichen, aber frustrierten Paares."

„So geht das."

„Ja, so geht das. Die Kohle liegt doch auf der Straße. Man muss sie nur aufheben."

„Timm, ich denke gerade über die Werte von Jugendlichen nach; und wo ich hinsehe, sehe ich Verrat, Verrat in der Familie, im Kampf der Geschlechter, in der Bildung, auf dem Arbeitsmarkt, in der Umweltpolitik, in der Kultur, in der Zukunftsperspektive, in der großen Lüge von der Globalisierung, im Fortschrittswahn, in der Herrschaft des Geldes, ja und auch in der allgemeinen Moral. Wie viele Werte von Jugendlichen werden dabei zerstört? Wie können sie überhaupt noch in einer entmoralisierten Gesellschaft Werte entwickeln?"

Timm schaut mich lange an und schweigt, als habe er nicht verstanden, wovon ich spreche. Dann lächelt er, etwas mitleidig, wie mir scheint, und sagt: „Entschuldige, aber ich halte das alles für ein bürgerliches Vorurteil."

Jetzt erschrecke ich: „Wie meinst du das?"

„Ich meine deine Ansichten und das ganze Gerede über Werte, besonders in der Jugend. Man kann keine Zeitung, keine Zeitschrift aufschlagen, ohne auf einen dieser geschwätzigen Artikel zu stoßen. Riesige Summen werden jährlich von Ministerien, Universitäten und Medien für die Erforschung jugendlicher Werte, Meinungen und Lebensstile ausgegeben, als gälte es, das Geheimnis des Lebens zu ergründen. Absolut weggeschmissenes Geld, das man wahrlich sinnvoller verwenden könnte. Und alles aus der spießbürgerlichen Perspektive von Klugscheißern."

„Findest du alles in Ordnung, so, wie es ist?"

„Ja, soweit man in dieser Welt überhaupt eine Ordnung erkennen kann. Als ich noch Punk war, unterhielten wir beide uns über die Generation X; heute, ein paar Jahre später, heißt sie Generation Flex. Ob Hip-Hop oder Hoppereiter, ob Gruftie, Gothick und Dark Wave, die Kinder der

Nacht und der Friedhöfe, ob Raver oder Rapper, meine Güte, alles gehört zur Szene. Lack und Leder, schwarzer und roter Kajal, ob politisch oder unpolitisch, ob religiös oder okkult – die Welt ist bunt, die Welt ist rund, und uns ging es doch noch nie so gut."

Timm hatte sich in Begeisterung geredet. Er lachte: „Warst du schon mal auf einer S/M-Party?" Ich schüttelte den Kopf. „Auch eine dieser neuen Moden, ein heiteres Spiel ohne Sex-Appeal. Oder denkst du, die echten Sadisten und Masochisten hätten sich plötzlich wie Karnickel vermehrt? Das musst du doch wissen."

„Was willst du mir sagen?"

„Ich will sagen, dass unser postmodernes Welttheater, in dem jeder angeblich seine ‚individuelle Mythologie' erschafft und sich täglich neu erfindet, selbst eine Mythologie ist, wie sie jedes Zeitalter für sich behauptet hat. Der Mensch ist ungeheuer kreativ, ungeheuer sexuell und ungeheuer aggressiv. Was also ist neu? Werte sind universell. Sie gab es schon immer und gibt sie noch heute und morgen. Und sie wurden schon immer der Barbarei überantwortet."

„Wir beide wissen, dass du eine gewisse Freude am Zynismus hast", erwiderte ich. „Für euch ist es ziemlich unerheblich, was die Griechen und Römer trieben oder die Kirche im Mittelalter oder die Diktatoren der Neuzeit. Ihr wollt wissen, welche Rechte und Chancen ihr habt, und ob es noch lohnt, sich für die Zukunft zu engagieren."

„Glaubst du wirklich, dass diese Fragen neu und einzigartig sind? Das nenne ich den bürgerlichen Standpunkt. Ihr Erwachsene beschwört die Geschichte, um traditionelle Tugenden zu retten, die Philosophen und Pfaffen nur gepredigt haben, um noch größeres Unheil zu vermeiden. Die Zehn Gebote! Sag' mir, wann jemals sie für eine Gesellschaft Gültigkeit hatten."

„Noch nie!"

„Also! Kürzlich las ich, ich glaube es war im *Stern,* auch so ein Wertegelaber, wie man die Zehn Gebote aus heutiger Sicht formulieren könnte. Da kamen Vorschläge wie „Du sollst die Würde jedes Menschen achten", „Liebe deine Kinder", „Du sollst nicht leben auf anderer Leute Kosten", oder „Glaube, woran du willst, aber füge keinem Menschen Leid zu". Ich weiß sie nicht mehr vollständig. Der gleiche moralische Schwachsinn für den Gemeinschaftskundeunterricht wie die ursprünglichen Gebote."

„Und deswegen hältst du die Wertediskussion für überflüssig und für bürgerlich. Weil die Verhältnisse nicht so sind, wie wir sie uns wünschen, der Mensch schlecht ist und es nicht lohnt, sich darüber aufzuregen. Aber es muss doch etwas geben, was dich innerlich zusammenhält, nenn' es Werte oder Prinzipien, wie auch immer. Ich kenne noch Zeiten, in denen du wirklich verzweifelt warst, über dich, über die Welt, in denen du von Ängsten geschüttelt wurdest. Was gibt dir heute die Sicherheit deiner Überzeugungen und, wie ich ja weiß, bei aller Distanziertheit auch deine Lebensfreude?"

Timm dachte eine Zeitlang nach und sah mich dabei direkt an. „Dass ich manchen Menschen vertraue", sagte er, „zum Beispiel meinen Freunden, auch meinen Eltern. Oder dass ich mit dir so reden kann wie jetzt, und ich dir früher meine schlimmsten Geheimnisse anvertraut habe. Das ist ein gutes Gefühl. Überhaupt ist die Offenheit und Intimität mit Menschen, die ich mag, etwas, was unsere Generation grundsätzlich von eurer unterscheidet. Nach meinem Eindruck tragt ihr trotz der 68er-Bewegung noch die ganze Prüderie, Verklemmtheit und damit die Verlogenheit mit euch, wie sie euch andressiert wurde. Alle diese moralinsauren Einstellungen haben euch wieder eingeholt. Deswegen macht ihr euch um unsere Werte so viele Sorgen."

„Eure größere Offenheit ist wirklich ein Gewinn. Auch dass ihr viel mehr Freiheiten habt, ist nicht zu bestreiten. Euer angstfreier Umgang mit Autoritäten, eure Unbekümmertheit darüber, was andere denken, eure selbstverständliche Sexualität. Viele von euch haben mit zwanzig bis fünfundzwanzig mehr Länder bereist als wir im ganzen Leben; ihr könnt eure Meinung frei äußern und seid dabei nicht skrupelhaft und bierernst. Die Elterngeneration ist nicht mehr so autoritär. Ihr wachst in eine multikulturelle Gesellschaft mit all ihren Reizen und Anregungen hinein. Um all das seid ihr zu beneiden. Vielleicht kann man darin wirklich einen Fortschritt sehen, wenn es nicht so vieles gäbe, das euch langsam die Lebensadern abschneidet."

„Ich glaube, du übertreibst ein bisschen. Unsere Freiheit ist uns genauso selbstverständlich geworden wie die Bedrohungen, von denen du sprichst. Für mich gibt es einen wesentlichen Unterschied zwischen unseren Generationen, den ich für den größten Gewinn für die unsrige halte. Ihr hattet immer Träume, Utopien, Illusionen und Visionen, wie diese Welt besser, gerechter und humaner werden könnte. Ihr habt euch mit Anstrengungen und Schuldgefühlen gemartert, diesem Ziel näher zu kommen. Was schließlich übrig blieb, war ein großer Katzenjammer. Und jetzt kommen die Altvorderen und setzen ihre Hoffnung auf die Jugend. Sie werden es besser machen als die Generationen vor ihr, sie werden die Welt retten. Welch eine Täuschung! Aus reiner Resignation, Verzweiflung und dem Festhalten an Illusionen übertragt ihr uns eine Verantwortung und Last, die ihr selbst nicht übernommen habt. Nein! Meine innere und äußere Freiheit verdanke ich im Wesentlichen meinem Realismus und Pragmatismus. Ich bin mit Gameboys und Fernsehen aufgewachsen. Die Verzweiflungsphase in meiner Pubertät war das Ergebnis einer schonungslosen Aufklärung. Inzwischen beherrsche ich die Klaviatur des Weltgeschehens von Dur bis Moll. Das ganze Getöse um die neue Weltordnung, Globalisierung genannt, bringt mich zum Lachen."

Timm lachte jetzt lauthals, während er seinem gekochten Ei lustvoll den Kopf abschlug.

„Ich staune über deine Heiterkeit. Ich wünschte, ich könnte sie teilen."

„Das kannst du nicht, weil auch du dir noch einbildest, die Menschheit und besonders die Jugend retten zu müssen, möglichst im Weltmaßstab. Verzeih' die etwas bissige Bemerkung. Aber für mich war Geschichte mit all ihren Völkerwanderungen, Kriegszügen und Unterwerfungen fremder Länder schon immer ein einziges großes Epos über globale Hybris. Und trotzdem ist die Welt nicht untergegangen, weil der Mensch ebenso gerne lebt und liebt und auf kreative Lösungen sinnt, wie er plündert und mordet."

„Timm, kommt dir nie der Verdacht, dass deine elegante Auffassung vom ewigen Wechselspiel von Licht und Schatten, von gut und böse, auch als Maske eines Geschichtsfatalismus dienen könnte, der der Menschheitsentwicklung ihren Lauf lässt, bis sie nicht mehr laufen kann? Diesen Eindruck hat man doch auch von vielen Jugendkulturen, deren Kostümierungen umso bunter und fröhlicher ausfallen, je stärker das Bewusstsein von unserer historischen Situation in ihnen ausgeprägt ist."

„Hier spricht wieder das bürgerliche Ich des Psychoanalytikers. Deine Deutung verrät, wie stark dein Denken noch von illusionären Tugenden bestimmt ist. Das Gegenteil ist doch der Fall. Je realistischer ich die Natur des Menschen und seiner sozialen Institutionen einschätze, je freier ich von utopischen Erwartungen bin, umso besonnener und konstruktiver kann ich mich für erreichbare Ziele einsetzen. In diesem Sinne kannst du mich getrost zu den Kulturoptimisten zählen."

Timm strahlte mich an und rief die Kellnerin. „Ich muss jetzt leider noch zu einem Termin mit meinem Bankvorstand, um ihm etwas über Innovationen im Arbeitssektor zu erzählen – den menschlichen Wert der Arbeit natürlich inbegriffen!"

Ich bedankte mich für die Einladung: „Das ist doch auch ein positiver Zug an der Jugend – ihre Großzügigkeit!"

2. Die Gewinner sind gut dran

Das kurz nach unserem Treffen möglichst wortgetreu aufgezeichnete Gespräch mit Timm war eins von mehreren, die ich mit anderen mir gut bekannten Jugendlichen und Heranwachsenden während der Arbeit an dem Buch über ihre Wertvorstellungen geführt habe. Ich wählte schließlich das mit Timm aus, weil mir seine Lektionen aus drei Gründen für das Thema Wertegewinn aufschlussreich waren.

Erstens erinnert Timm mit seiner Pubertätskrise an die in der „ersten Behandlung" beschriebene Janine. Bei beiden trafen die individuellen Umbrüche in dieser Entwicklungsphase mit einer sensiblen und kritischen Wahrnehmung gesellschaftlich bedrohlicher Zeitumstände zusammen. Timm verlor zeitweilig völlig die Orientierung. Er schloss sich den Punks an, demonstrierte, protestierte, randalierte, zerstörte Autos und experimentierte mit gefährlichen Drogen. Nebenbei las er wie besessen die Romane von Carlos Castaneda. Die Begegnung mit der spirituellen Welt des Don Juan verwirrte ihn bis an die Grenze des Realitätsverlustes.

Was ihn rettete, waren seine persönlichen Ressourcen an Intelligenz und Begabung und ein Elternhaus, dem er aus seiner Kindheit stabile Grundlagen für sein inneres Wertesystem verdankte. Die Eltern waren es auch, die ihn mit Offenheit, aber mit klaren Gegenpositionen durch die schwierige Pubertätszeit begleiteten. Neben den Gesprächen mit mir hatte er Lehrer, die auf sein Schuleschwänzen und Sitzenbleiben mit Zutrauen statt mit Verachtung reagierten. Zusätzlich hielt er Kontakt zu einigen „bürgerlichen" Freunden, die ihn trotz seiner leicht kriminellen Eskapaden nicht fallen ließen. Unter diesen optimalen Voraussetzungen konnte Timm die Krise überwinden und sein geistiges Potenzial während des Studiums voll entfalten. Aus dem fast schon verloren geglaubten Jugendlichen war durch die Summe seiner Privilegien ein Gewinner geworden, der kurz vor Eintritt in das erwachsene Berufsleben eine klare Position für seinen Zukunftsentwurf gefunden hatte.

Zweitens kommt Timms Gewinnermentalität nicht nur in seinem äußeren Erfolg, sondern besonders auch in seiner selbstbewussten Lebensphilosophie zum Ausdruck. Er hat offenbar seine Träume verabschiedet und sich realistisch in einer Welt eingerichtet, deren Dynamik er mit all ihren produktiven und destruktiven Seiten wie ein unabänderliches Naturgesetz akzeptiert. Das macht ihn innerlich frei und lässt ihn eine Toleranz entwickeln, die aus „bürgerlicher" Sicht geradezu beklemmend erscheint. Sein Bekannter Olaf bietet dafür ein gutes Beispiel. Timm akzeptiert dessen Verhalten, weil er das ausbeuterische Element in den menschlichen Beziehungen und gesellschaftlichen Institutionen als gegeben voraussetzt. Wenn Olafs Eltern sich getrennt und durch ihren Kontaktabbruch jede gemeinsame Verantwortung aufgekündigt haben, warum sollte er dann auf den finanziellen Gewinn aus ihren Schuldgefühlen und auf ihre Geld- statt Beziehungsangebote verzichten? Wenn der Staat die Jugend um ihre eigentlichen Rechte betrügt, indem er das Geld der Bürger für zum Teil sinnlose, zum Teil kriminelle Unternehmungen verschleudert, warum sollte man einen solchen Staat nicht darin unterstützen, sein schlechtes Gewissen durch Sozialhilfe zu entlasten? Und wenn ein reiches Paar sein Liebesleben mit Hilfe von Dritten auffrischen möchte, warum darf man ihm diesen Dienst nicht erweisen? Wo, würde Timm fragen, liegt hier ein moralischer Makel, und wenn, bei wem wäre er zu suchen? So relativiert sich für ihn die Wertefrage auf ein Nützlichkeitsprinzip, durch das keinem anderen ein ernsthafter Schaden zugefügt wird.

Die meisten Erwachsenen würden auf solche Logik mit Empörung reagieren und sie als Zynismus verurteilen. Timms Zeituhr tickt anders. Wenn sich Familie und Gesellschaft von der Jugend so an der Nase herumführen lässt, ist auf ein Vakuum an Vorbildern und uneingelösten Verpflichtungen zu schließen, das den Opportunismus noch als die harmloseste Reaktion erscheinen lässt.

Drittens gehört zu Timms Gewinnerrolle, dass er mit seinem „Realismus" zwar die Licht- und Schattenseiten der Welt kritisch reflektiert, seine intellektuellen Erkenntnisse aber abstrakt bleiben. Gefühlsmäßig spaltet er dabei die Rolle der Verlierer ab, indem er sich mit der Maske untergründiger Arroganz und Überheblichkeit wappnet. Die Realität der Verlierer auch emotional zu begreifen, würde seine distanzierte Gelassenheit und Wertneutralität aufbrechen und seine Identität als Gewinner weniger selbstverständlich machen. Mit dem Abwehrmechanismus der Spaltung folgt Timm einem weit verbreiteten Prinzip, Konflikten und Gefühlen der Ambivalenz auszuweichen. So bleibt auch für ihn das große Dunkelfeld der Verlierer unbelichtet und geht in die breite Masse scheinbar unvermeidbarer gesellschaftlicher Fehlentwicklungen ein. Damit steht Timm als exemplarisches Beispiel für eine Regel, deren Geltungsbereich sich von der Kinderstube bis zu globalen Problemfeldern erstreckt. Angefangen bei Geschwistern und Kindergruppen in Kindergärten und Schulen über die verschiedenen Jugendkulturen und die verschiedenen Schichten in der Gesellschaft bis zu innerstaatlichen und internationalen Interessengruppen und Institutionen besteht eine durchgehende Tendenz, die Schwächeren und Benachteiligten, ob Einzelne, Gruppen oder Völker, als Verlierer nicht zu beachten, sie auszugrenzen oder zu verfolgen. Diese Tendenz ist auch in Timms Gewinnerrolle enthalten.

Um diese die Realität beherrschende Tendenz zu brechen, gab es zum Glück schon immer Gegenströmungen, die sich durch eine entschiedene Parteinahme für die Verlierer auszeichnen. Die kritische Öffentlichkeit, die psychologische und sozialwissenschaftliche Forschung, die Philosophie und Religion, die zahllosen Hilfsprogramme und Therapiemaßnahmen, die Bürgerbewegungen und alle Menschenrechtserklärungen eint als gemeinsamer Nenner die Verantwortung für mehr Gerechtigkeit und Ausgleich im Interesse der benachteiligten Bevölkerungsgruppen und Nationen. Solche Gegenströmungen nehmen zu, je steiler das Gefälle zwischen Gewinnern und Verlierern wird.

Dieses Thema durchzieht als roter Faden auch dieses Buch. Die dabei hervortretende Parteinahme für die jugendlichen Verlierer war ursprünglich nicht beabsichtigt. Sie ergab sich aus dem vertieften Verständnis des Zusammenhangs von Alltagsrealität und Wertebewusstsein. Werte lassen sich nicht abstrakt diskutieren oder gar einfordern; sie haben nur Bestand, wenn der konkrete Lebensbezug sie zur Geltung bringen kann. Ein guter Mensch sein, ja, wer wäre das nicht gerne – so lässt sich der berühmte Song aus der „Dreigroschenoper" von Brecht kurzschließen – aber wenn die Verhältnisse nicht so sind, ist der Mensch „eben schlecht".

Die in dem Buch vertretene Argumentation muss sich bewusst bleiben (wie alle Parteinahme für die Verlierer), dass auch sie gewissermaßen mit einer Spaltung arbeitet, indem sie den Blick auf die Betrogenen, Vernachlässigten und Ausgebeuteten richtet und die Gewinner ausklammert. Die

Gefahr liegt hier im Entwurf kulturpessimistischer Analysen und düsterer Katastrophenszenarien, durch die negative Teilentwicklungen mit dem Ganzen verwechselt werden. Solche Pauschalisierungen können beim Einzelnen und in der Gemeinschaft jede Motivation und Entschlossenheit hemmen, sich unbeirrt um die Verbesserung der Verhältnisse zu kümmern.

Viele Vorteile, die die Gewinner unter der Jugend für sich verbuchen können, sind bereits in die Gesamtdarstellung eingeflossen; einige tauchten punktuell in dem Gespräch mit Timm auf. Der stärkste Wertegewinn geht von den Individualisierungsschüben in der zweiten Hälfte des vorigen Jahrhunderts aus, von denen heutige Jugendliche profitieren. Während kritische Beobachter darin die Gefahr sehen, dass durch die weitere Zunahme von Selbstentfaltungswünschen gemeinschaftsorientierte Werte an Bedeutung verlieren, argumentieren andere entgegengesetzt. Gerade die individualistischen Werte von Autonomie und Selbstbestimmung und die starke Betonung von Phantasie und Kreativität, wie sie sich in den jugendlichen Lebensstilen äußern, fördere die Sensibilität und Verantwortungsbereitschaft für die Gemeinschaft. Die Künstler der Wandlung, die als Emblem ihrer T-Shirts zum Beispiel ein Chamäleon wählen, verraten damit mehr als einen ausgefallenen Tiergeschmack; sie drücken damit auch ihre Naturverbundenheit und ihr Engagement für den Erhalt einer intakten Umwelt aus. Nur ihre Wandlungs- und Anpassungskunst ermöglicht es ihnen, alternative Lebensformen zu erfinden, nachdem sich viele traditionelle Strukturen verbraucht haben. Verschiedene Identitätsanteile zu entfalten, sie bei Untauglichkeit wieder zu verwerfen und andere auszuprobieren, ist ein lebendiger Prozess der steten Erneuerung. Er lässt unsere Vorstellung von nur einer einzigen, über dreißig bis vierzig Jahre immer gleichmäßig und oft eintönig gelebten

Identität, ob als Hausfrau, Lehrer, Versicherungskauffrau oder in den weitaus meisten anderen Berufen wie ein fossiles Relikt einer verkümmerten Menschenart erscheinen. Hier tun sich für die jugendlichen Gewinner Möglichkeiten lebendiger Transformation und eines Erfindungsreichtums auf, die uns als Erwachsene erschrecken, weil wir vielfach nicht mehr über das Einfühlungsvermögen in grundlegend gewandelte Lebenskonzepte und die völlig andere Gewichtung von Wertnormen verfügen.

Erwachsene, die viel im Ausland sind und sich dort nicht nur zwischen den Hotelburgen an den Stränden bewegen, sondern sich im Land umsehen und dabei Kontakt zu Jugendlichen und Heranwachsenden gehalten haben, können viele Geschichten über die dortige, immer breiter werdende so genannte „Aussteigerszene" erzählen, über junge Menschen, die sich selbst als „Einsteiger" definieren. Sie haben sich aus den verkrusteten Strukturen hierzulande (meist wegen mangelnder Berufsalternativen) gelöst und bauen sich einzeln oder in der Gruppe ein anderes Leben auf, als es ihnen hier vorgezeichnet war. Sie alle sind auf ihre Art Lebenskünstler geworden, haben sich vielseitige Fertigkeiten angeeignet und führen uns in ihrer Farbigkeit ein Modell der Freiheit und Selbstentscheidung vor, das symbolhaft für das steht, was sich Jugend erträumt.

Timm hat einen anderen Weg eingeschlagen. Aber auch er hält sich alle Optionen offen. Wenn er jetzt zu seinen ersten Geschäftskunden fährt, wirft er sich selbstironisch in seinen „Kampfanzug", einen mausgrauen, teuren Zweireiher mit modischer Krawatte, in dem er sich wohl zu fühlen beginnt. Aber mit Jeans und abgerissenem Pullover auf einer Orangenplantage in Portugal zu arbeiten, ist für ihn eine „echte Alternative".

Wir wissen nicht, was aus ihm, dem Gewinner, wird, welche Werte er vertritt, wenn er einige Berufsjahre im Konkurrenzkampf um Macht und Geld mit allen Höhen und Niederlagen hinter sich hat. Vielleicht wird er Chef oder Vorstandsmitglied eines technischen Großunternehmens und lässt sich zu dessen global ausbeuterischen Strategien korrumpieren. Vielleicht leitet er aber auch einen Betrieb zur alternativen Energiegewinnung oder wirkt in anderer Weise bei der Entwicklung neuer, menschenfreundlicher Technologien hier oder im Ausland mit. Wir wissen nicht, ob und wann er in eine Sinnkrise gerät und sich dabei an sein früh verinnerlichtes „Erbe" mit all seinen positiven Wertinhalten erinnert. Wir können nur hoffen, dass hinter der coolen Maske des Gewinners sein Herz weiter für gerechte Verhältnisse schlägt und er vielleicht als „Kulturoptimist" tatsächlich zu denen gehört, die für die Zukunftsgestaltung neue Impulse setzen.

IX. Hoffnungslichter

Das neue Jahrhundert, vor wenigen Jahren noch mit Feuerwerk und Glockenklang begrüßt, von weit ausgespannten Hoffnungen und glanzvollen Versprechungen getragen, hat schon bald die Ernüchterung eingeholt. Täglich eilen die Hiobsbotschaften rund um die Erde, als habe ein Gott sie nicht in Licht, sondern in Dunkel getaucht. Und dennoch: „Nah ist und schwer zu fassen der Gott. Wo aber Gefahr ist, wächst das Rettende auch." Mit diesen bekannten Zeilen beginnt Hölderlins Hymne *Patmos*. Sie umkreisen eine Dialektik, die Goethes Mephisto in ein luzides Bild bringen lässt. Im 1. Teil des *Faust* stellt dieser sich im „Studierzimmer" mit den Worten vor: „Ich bin der Geist, der stets verneint, ein Teil von jener Kraft, die stets das Böse will und stets das Gute schafft."

Hölderlin und Goethe spielen auf eine erst viel später formulierte sozialpsychologische Erkenntnis an, wonach sich Menschen umso enger zu Schutzgemeinschaften zusammenschließen und im Widerstand erstarken, je mehr ihre Existenz und ihre Würde bedroht werden. Die „Gefahr" und das „Böse" scheinen oft geradezu die Voraussetzung dafür zu sein, dass das „Rettende" und das „Gute" in Erscheinung treten können. Es ist das Gesetz, dass am Ende jedes Tunnels neue Hoffnungslichter aufleuchten, die uns immer wieder antreiben.

Ein anschauliches Beispiel dokumentiert der Film *Un mondo diverso è possibile* (Eine andere Welt ist möglich), der am Rande der Berliner Filmfestspiele im Februar 2002 gezeigt wurde. Der Gemeinschaftsfilm von dreißig namhaften italienischen Regisseuren und dreißig Kameraleuten (unter der Federführung von Francesco Maselli) will ein positives Zeichen setzen im Hinblick auf die Geschehnisse auf dem G8-Gipfeltreffen in Genua im Juli 2001. Während die hiesigen Medien fast ausschließlich (und aus Sensationsinteresse) über die gewalttätigen Auseinandersetzungen zwischen kleinen Gruppen von Globalisierungsgegnern und der italienischen Polizei berichteten, entwirft der Film das Gegenbild von Zehntausenden junger Menschen, die friedlich gegen die globalen Folgen der neoliberalen Marktpolitik der reichen Industrienationen protestierten. Mit Musik und Tanz, Pantomime und Straßentheater, Diskussionen in Parks und Sälen, die Stimmung wechselnd zwischen Satire, Ernst und Fröhlichkeit, erinnerte diese aus allen Ländern Europas angereiste, sommerlich-bunt gekleidete Menschenmenge an das Woodstock-Festival von 1969. Damals hatte die Elterngeneration der heutigen Protestierer auch die Hoffnung, dass dieses Festival zum Symbol für eine friedliche, gerechte und schöpferische Kultur und Gesellschaft werden könnte.

Die Generation ihrer Kinder, die heutige Jugend, zeigt, dass dieser Traum unzerstörbar ist. Wann immer in den letzten Jahren Vertreter von Weltbank, IWF und WTO oder die Chefs der Industrieländer zu Gipfeltreffen geladen haben, ob in Seattle, Prag, Melbourne, Québec, Bangkok, Okinawa, Washington, Nizza, Davos oder Genua, schwoll die Basis der Antiglobalisierungsbewegung als neue soziale Bewegung breiter an. Eine ihrer stärksten, inzwischen in 29 Ländern international vertretene Organisation ist ATTAC – eine geschickt gewählte französische Abkürzung von „Vereinigung zur Besteuerung von Finanztransaktionen im Interesse der

BürgerInnen". Sie bekennt sich ausdrücklich zu gewaltfreien Formen des Widerstands, wie es der Genua-Film belegt.

Auf dem Weltsozialforum im Januar 2002 in Porto Alegre in Brasilien mit 60 000 Teilnehmern und hochkarätigen Globalisierungskritikern aus Politik, Gewerkschaften, Nichtregierungsorganisationen (NGOs) und Kirchen – „eine Vollversammlung der weltweiten Zivilgesellschaft, ein globales Treffen der Bewegung der Bewegungen", wie Toralf Staud in *Die Zeit* vom 14.2.2002 schreibt – wurden die Erfolge deutlich, die dieser von der Jugend getragene Protest inzwischen auch bei den Hütern der Weltwirtschaftsordnung gezeitigt hat: „Eine andere Welt ist möglich."

Dieses Beispiel steht hier für die vielen Hoffnungslichter jenseits von Enttäuschung und Resignation. Wenn man sie etwas systematisieren möchte, kann man sie drei Bereichen zuordnen: Diese sind die Familie, das Bündnis von Jugendlichen und Erwachsenen in der Bürgergesellschaft und die globalen Bemühungen um einen neuen Weltethos.

1. Neue Formen der Familie

Im Verlauf der Darstellung sind hauptsächlich gesellschaftliche Bereiche zur Sprache gekommen, von denen unser Verrat an den Jugendlichen ausgeht, in der konkreten Beschreibung von Einzelschicksalen standen jedoch immer wieder die familiären Entwicklungsbedingungen im Vordergrund. In den Behandlungen von Janine, Thomas, Detlef, Daniel, Sven und selbst in den Gesprächen mit Timm während seiner Pubertätskrise stellte die Familie den Ort dar, an dem durch die jeweiligen Entwicklungsbedingungen das Schicksal der Jugendlichen in der einen oder anderen Richtung vorherbestimmt schien. Wie lässt sich dieser Widerspruch erklären? Ist es also nicht doch in erster Linie die

Familie, die entwicklungspsychologisch für die Verinnerlichung von Werten verantwortlich ist und in ihrem Gelingen oder Scheitern den weiteren Lebensentwurf maßgeblich bestimmt? Haben unter dieser Voraussetzung die gesellschaftlichen Einflüsse nur eine geringe Nebenbedeutung?

In der Realität geht es um die Einheit von Familie und Gesellschaft. Der gesellschaftliche Wertewandel dringt in alle Poren der Familie ein, führt dort zu einem veränderten Lebenswandel, der neue Werte bedingt, die in die Gesellschaft zurückwirken. Die Transformation der Familie als Spiegelbild gesellschaftlichen Wandels, zum Beispiel für Prozesse der Individualisierung und Pluralisierung von Interessenlagen, verstärken diese Wertnormen wiederum auf der gesellschaftlichen Ebene.

Die Erkenntnisse über solche Regelkreise scheinen langsam auch Eingang in die Politik und ins Bewusstsein vieler Gesellschaftsgruppen zu finden und den Blick für eine veränderte Praxis freizumachen. Daraus ergeben sich neue Hoffnungen für die Zukunft der Familie. Langsam setzt sich die Einsicht durch, dass die frühere Trennung zwischen der „Privatheit" der Familie und der „Öffentlichkeit" ein Kunstprodukt war, das sich mit dem Wandel der Gesellschaft immer stärker überholt hat. Kinder zu bekommen und sie zu erziehen ist heute nicht mehr eine Aufgabe, die sich als „Privatsache" aus dem Öffentlichen ausgrenzen lässt. Im Gegenteil dient Kindererziehung in hohem Maß dem Öffentlichen, indem sie den Erhalt der Gesellschaft sichert und zu ihrer Produktivität beiträgt. Solange die Belastungen der Familie, vor allem die ungeheuren Kosten und die arbeitsintensiven Leistungen der Kindererziehung, als „privates Interesse" behandelt werden, wächst die Ungerechtigkeit zwischen Familien mit Kindern und der wachsenden Schicht von Paaren ohne Kinder und Singles.[42]

Die bedrohliche Krise der Familie am Beginn des 21. Jahrhunderts und ihre Folgen für den Frieden der Gemeinschaft lassen sich nicht mehr schönreden. Der „Pisa-Schock", der drastische Anstieg der Kinder- und Jugendkriminalität, der Rechtsextremismus und, neben der Zunahme der individuellen Dramen, die steigenden volkswirtschaftlichen Kosten durch den Auflösungsprozess der traditionellen Familie sind einige besonders markante Symptome der Fragmentierung eines breiten Segments der Gesellschaft, die eine weitere Vernachlässigung der Familie unverantwortbar machen.

Das Umdenken hat inzwischen bei vielen Entscheidungsträgern in Politik, Gewerkschaften, Wirtschaft, Rechtsprechung, Bildung, Familienverbänden und Basisgruppen eingesetzt. Ihre Initiativen, Programme, Ziele und konkreten Handlungsvorschläge sind kaum noch zu überblicken und bisher auch wenig vernetzt. Aber sie machen Mut, weil sie den Beweis für Gegenkräfte liefern, die, wie eingangs beschrieben, immer dann mobilisiert werden, wenn sich eine Katastrophe als scheinbar unabwendbar abzeichnet und neue Lösungen erzwingt. Die wichtigsten Leitlinien zu einer grundlegenden Neuorientierung in Familienfragen lassen sich nach materiellen und ideellen Gesichtspunkten unterscheiden.

Nach einhelliger Expertenmeinung muss eine nachhaltige materielle Förderung von Familien mit Kindern folgende Bereiche umfassen: eine stärkere finanzielle Entlastung besonders von sozial schwachen Familien durch eine größere Steuergerechtigkeit, gestaffeltes Kindergeld, einen angemessenen Renten- und Krankenversicherungsschutz und eine anteilige Lohnfortzahlung während der Erziehungszeiten. Vordringlich wird weiterhin eine Ganztagsbetreuung von Kindern zwischen dem dritten und zwölften Lebensjahr in Kindergärten und Schulen für die Vereinbarkeit von Beruf und Familie gefordert. Von höchster Priorität ist außerdem eine Arbeitsplatzgarantie für wenigstens einen Elternteil und für Einzelpersonen mit Kindern, um die persönlichen und sozialen Katastrophen der Arbeitslosigkeit in einem Haushalt mit Kindern zu vermeiden.

Eine Zwischenstellung zwischen materiellen und ideellen Verbesserungen der Familiensituation nimmt der Bildungsbereich ein. Der „Pisa-Schock" hat klargemacht, dass die Defizite bei deutschen Schülern nur bedingt durch qualifiziertere Angebote in einzelnen Sachgebieten wie Mathematik, Lesen, Schreiben oder Computer behoben werden können. Vielmehr geht es darum, die Motivation zur Wissensaneignung im lebenspraktischen und theoretischen Bereich bereits in der Familie zu schaffen. Deswegen werden in jüngster Zeit Vorschläge zu einer umfassenden Bildungsreform diskutiert, bei der die Eltern (ob deutscher oder ausländischer Herkunft) unmittelbar einbezogen werden. Dieser Schritt geht von der Erkenntnis aus, dass Erziehung und Bildung eine unteilbare Einheit darstellen, die über die spätere Lernbereitschaft außerhalb der Familie und eine den eigenen Anlagen und Begabungen entsprechende berufliche Qualifikation entscheidet.

Solche Vorgaben sind nicht an die Sozialisation außerhalb der Familie gebunden, sondern beginnen mit umfassenden Reformen mit dem Ziel, die Erziehungs- und Bildungsfähigkeit innerhalb der Familie zu stärken. Dieser Ansatz macht auch deutlich, dass der familiäre Auftrag nicht länger nach außen hin abgeschottet bleiben darf, sondern den gesellschaftlichen Anforderungen im Sinne der systemischen Verflechtung von Familie und Gesellschaft entsprechen muss. Dieser Anspruch an eine Bildungsreform, die in der Familie beginnt, mag heute vielen noch als Utopie erscheinen, zumal ihre Finanzierung eine radikale Umorientierung in der politischen Wertepyramide erfordert. Aber die

Welt des 21. Jahrhunderts setzt einen solchen Schritt voraus, weil in der Familie das Fundament gelegt wird, auf dem die nachwachsende Generation ein Gebäude aus Werten und Wissen errichten muss, das den kulturellen, marktwirtschaftlichen und ethischen Herausforderungen der Zukunft standhalten kann. Jede Erwartung und jeder Appell an die Jugend, die zukünftigen Probleme der Gesellschaft zu lösen, bleiben reine Rhetorik, solange die entsprechenden Voraussetzungen nicht geschaffen werden.

Auch die Diskussion um eine ideelle Neuorientierung ist dringend notwendig geworden. Es wurde bereits beschrieben, wie jenseits aller Utopien von Selbstverwirklichung und Befreiung die vielfältigen alternativen Familienmodelle ein Leiden über die Mehrzahl der betroffenen Erwachsenen und Kinder verhängt haben, das den angestrebten Glücksgewinn weit übertrifft. Offensichtlich – so lautet die momentane psychologische Diagnose – sind die meisten Menschen durch das Ausmaß der mit den Umbrüchen verbundenen Ängste, Unsicherheiten, Konflikte, durch die finanziellen und seelischen Belastungen mit ihren Gefühlen von Enttäuschungswut, Rache, Neid, Einsamkeit und Schuld psychisch oft entschieden überfordert.

Man kann die These vertreten, dass es sich bei dieser Entwicklung um ein Übergangsstadium handelt, das nicht notwendigerweise in ein unübersichtliches Chaos münden muss, sondern das, als Chance begriffen, konstruktive Lösungen nicht ausschließt. Hierbei ist besonders die Etablierung neuer ethischer Normen als handlungsleitende Maßstäbe notwendig. Entsprechende Bemühungen zielen auf die zwei Kernbereiche der Familie – auf das Eltern-Kind-Verhältnis und auf die Paarbeziehung.

Ein Beispiel für die Verbesserung des Eltern-Kind-Verhältnisses in der veränderten Familie ist die Initiative

„Elternverantwortung und Generationenethik in einer freiheitlichen Gesellschaft", die auf einer Expertentagung der Akademie für Politik und Zeitgeschehen in der Hanns-Seidel-Stiftung im Dezember 2000 ins Leben gerufen wurde.[43] Die Initiative strebt eine elterliche „Verantwortungsbereitschaft" für Trennungseltern an, die es den getrennten Partnern zur Aufgabe und „Elternpflicht" macht, den gemeinsamen Kindern die optimalen Lebensbedingungen für ihre Entwicklung zu einer eigenständigen und gemeinschaftsfähigen Persönlichkeit zu schaffen.

Auf gesetzlicher Ebene wurde die Grundlage zu einer solchen Form „verantworteter Elternschaft" bereits 1998 durch das „neue Kindschaftsrecht" gelegt. Das vordringliche Ziel im Trennungsfall ist die Durchsetzung des Rechts jedes Kindes „auf beide Eltern". Die genannte Initiative begrüßt das Gesetz, sieht aber Probleme seiner Umsetzung, wenn es nicht durch geeignete Bildungsanstrengungen flankiert wird. „Wenn Bildung in der Lage ist, nicht nur Wissen zu vermitteln, sondern in Menschen auch Entwicklungen auszulösen, die ihre Wertorientierungen beeinflussen bzw. zur Entfaltung bringen, so liegt es auf der Hand, Bildung als Mittel einzusetzen, damit der hier geforderte elterliche Verantwortungsbegriff zukünftig zur Daseinskompetenz eines jeden jungen Menschen gehört."[44] In diesem Zusammenhang wird von der Initiative und von vielen Fachverbänden und Bildungsexperten gefordert, dass diese Bildungsziele bereits in der Schule, zum Beispiel im Rahmen eines Grundfachs „Ethik", vermittelt werden. Junge Menschen darauf vorzubereiten, was Partnerschaft und Elternschaft unter den heutigen Bedingungen des gesellschaftlichen Wandels an Gewinn und Risiko beinhalte, fördere ihre Beziehungs- und Kommunikationsfähigkeit, ihre Konflikttoleranz und das Bewusstsein für ihre künftige Verantwortung. Hier spielt die

Schule als Bildungseinrichtung eine Schlüsselrolle bei der Vermittlung von Werten, die langfristig zu einer stabileren Gestaltung der Familie in ihrem ganzen Facettenreichtum beitragen.

Die Hoffnung, dass Kinder, die unter diesen Bedingungen aufgewachsen sind, später auch in ihrer eigenen Familie einen höheren Grad an Einsicht und Rücksichtnahme auf die Bedürfnisse der Kinder zeigen werden, erscheint keineswegs unrealistisch. Die menschliche Evolution schreitet langsamer voran als die technische Revolution. Daran gibt es keinen Zweifel. Aber es mehren sich die Anzeichen für Fortschritte in der Eltern-Kind-Beziehung, die noch vor Jahrzehnten nicht vorauszuahnen waren. Das gilt nicht nur für die alternative Familie, in der immer mehr Eltern nach Scheidung oder Trennung die anfallenden Konflikte in menschlich reifer Form lösen, um ihren Kindern das Trennungstrauma möglichst zu erleichtern. Es gibt eine breiter werdende Schicht von Eltern in der Normalfamilie, die sich mit hohem Engagement um ihren Nachwuchs kümmern, seine Integration in die Gesellschaft fördern und einen neuen Stil des Umgangs pflegen, der unter dem Begriff der „Verhandlungsfamilie" in die Familiendiskussion eingegangen ist. Die Beziehung zwischen Eltern und Kindern ist nicht mehr geprägt durch ein autoritäres Gefälle. In ihr herrscht ein liberal-demokratisches Klima, in dem gegenläufige Interessen und Konflikte unter gegenseitigem Respekt und wechselseitiger Anerkennung ausgehandelt und persönliche Belange mit Verständnis, Nähe und Vertrauen ausgetauscht werden. Unter diesen Bedingungen herrscht auch keine Beliebigkeit oder ein *laisser-faire*, wie oft gemutmaßt wird; im Gegenteil kommen erst bei einem solchen Beziehungsstil Identifikationen zustande, durch die Orientierung und Wertebewusstsein entstehen können.

Der zweite Kernbereich der Familie, in dem es zunehmend zu einer ideellen Neuorientierung kommt, ist die Paarbeziehung mit Kindern. Auch hier gibt es hoffnungsvolle Ansätze. Sie haben sich aus der Einsicht gebildet, dass Kinder nicht die Opfer der (Geschlechter-)Konflikte der Eltern werden dürfen. Deswegen muss neben dem beschriebenen Generationenvertrag im Sinne einer „verantworteten Elternschaft" ein neuer Geschlechtervertrag treten, der unter dem Begriff „Geschlechterdemokratie" inzwischen von vielen Interessengruppen diskutiert und dessen Umsetzung versucht wird. Geschlechterdemokratie setzt einen Paradigmenwechsel in der Geschlechterpolitik voraus, die jenseits aller Deklamationen die Gleichberechtigung von Frauen und Männern in Beruf, Kindererziehung und Partnerschaft ernst nimmt.

Gleichberechtigung in einer ethischen Dimension bedeutet die wechselseitige Anerkennung von Frauen und Männern in ihrer Gleichwertigkeit als Menschen. Das Ziel ist nur durch Versöhnungsbereitschaft und ein kooperatives Bündnis beider Geschlechter zu erreichen, die sich den verkrusteten Strukturen in Politik und Wirtschaft entgegenstellen. Die notwendigen Auseinandersetzungen zu führen, erscheint, gemessen an den bereits erreichten Fortschritten, nicht aussichtslos und gehört zu den wichtigsten Investitionen für lebenswerte Familienentwürfe in der Zukunft.

2. Jugendinitiativen und Generationenbündnisse

Seit der „Konvention über die Rechte des Kindes" der UNO von 1989 wird weltweit über die Stärkung von Kinderrechten diskutiert. Eine fast revolutionäre Neuerung der Konvention besteht darin, dass Kinder und Jugendliche nicht nur Objekte der Politik sind, sondern als Subjekte wahrgenommen werden, die aktiv für ihre Rechte eintreten sollen. Aus diesem Ansatz hat sich seit Beginn der 90iger Jahre die Kinderrechtsbewegung als eine neue soziale Basisbewegung entwickelt, die sich in Schulen, Gemeinden und Stadtparlamenten für die Mitbestimmung in eigenen Belangen einsetzt. Das neue Vokabular spiegelt sowohl den offiziellen Anspruch der Politik als auch die Beteiligungsformen der jungen Generation in ihrer breiten Vielfalt wider: Kinderanwälte, Kinderbeauftragte, Kinderbüros, Kinderforen, Kindergemeinderäte, Kinderinformationsdienst, Kinderkommission, Kinderparlament, Kinderpartizipation, Kinderrepubliken, Kinderwahlrecht. Das Vokabular lässt sich verdoppeln, wenn man „Kinder" durch „Jugend" ersetzt.

Hinter jedem Begriff stehen eine Idee, ein Programm und eine von vielen tausend Kindern, Jugendlichen und Erwachsenen inzwischen praktizierte Realität. Die Kinderrechtsbewegung spiegelt diese Entwicklung in einem großen Facettenreichtum wider. In vielen Ländern der Erde hat sie mobil gemacht. Auf nationalen und internationalen „Kindergipfeln", „Kinderkongressen" und „Kindertreffen" oder auf vielen mit Erwachsenen gemeinsam organisierten Tagungen diskutieren Kinder und Jugendliche über Fragen alternativer Energien, Trinkwasserprobleme, den inhumanen Umgang mit Tieren, die Zerstörung des Regenwaldes, über Sommersmog, Ozon und Klimakatastrophe, über Artenschutz, Ausländerhass, Verkehrspolitik, kinderfreundliche Wohn- und Spielwelten und über Kinderrechte im Rahmen kommunaler Kinderpolitik. Wenn sie bei solchen Treffen unter sich sind, bilden sie kleine Expertenrunden, die ihr Wissen, ihre Erfahrungen vor Ort und ihre kritische Sorge austauschen, bevor sie mit konkreten Veränderungsvorschlägen und Forderungen in den Dialog mit eingeladenen Repräsentanten aus Politik, Wirtschaft, Wissenschaft und Kultur eintreten und sie vor einer breiten Medienöffentlichkeit vertreten.

Diese Entwicklung deutet darauf hin, wie viel frischer Wind in die von der jungen Generation mitgetragene Kinder- und Jugendpolitik gekommen ist.

„Compassion" – diesen Namen trägt ein Pilotprojekt der Deutschen Bischofskonferenz und der Kultusministerkonferenz: Es ist ein Unterrichtsprojekt, das inzwischen an mehr als sechzig kirchlichen und mehreren staatlichen Schulen bundesweit für alle dortigen Schüler der neunten bis elften Klasse durchgeführt wird. Der programmatische Begriff Compassion stammt von dem Theologen Johann Baptist Metz und meint mehr als die gefühlige Übersetzung „Mitleid" oder „Empathie". Für den „Vater der Politischen Theologie" beinhaltet Compassion die politische und soziale Dimension der Mitmenschlichkeit.

Das „Praxis- und Unterrichtsprojekt sozialen Lernens", wie es offiziell heißt, besteht aus einem fünfwöchigen Praktikum in Sozialeinrichtungen wie Behindertenstätten, Obdachlosenunterkünften, Senioren- und Flüchtlingsheimen, Krankenhäusern und sozialen Brennpunkten der Jugendarbeit. Durch fachkundige Anleitung und praxisbegleitenden Unterricht soll den Jugendlichen das Hineinfinden in ihre neue und meist ganz ungewohnte Aufgabe erleichtert und durch konkrete Beteiligung ihre Sensibilität für soziale Verantwortung geweckt werden. Die Ergebnisse (auch die der bisherigen wissenschaftlichen Begleitforschung) haben alle Erwartungen der Initiatoren weit übertroffen. Neben einem deutlichen Zugewinn an Interesse, Anteilnahme und Verantwortungsbereitschaft für Menschen am Rande der Gesellschaft führt der humane Lernprozess bei den meisten Schülern zu einer deutlichen Steigerung ihres Selbstvertrauens und ihrer Eigeninitiative.[45]

Inzwischen gibt es eine wachsende Zahl von Jugendinitiativen, die in den letzten Jahren innerhalb organisierter

Verbände wie Kirchen oder Umweltgruppen oder völlig unabhängig von ihnen in der Absicht entstanden sind, sich freiwillig für soziale Aufgaben zu engagieren. Eine von ihnen ist die bundesweite Initiative „Schüler helfen leben (SHL)", die zehn Millionen Mark Spendengelder gesammelt hat und davon fast hundert Hilfsprojekte für Jugendliche in den ehemaligen Kriegsgebieten von Kroatien, Bosnien, Mazedonien und im Kosovo organisiert und durch eigene Mithilfe unterstützt.

„Jugend gegen Gewalt" heißt eine andere Initiative, die 2001 im Land Brandenburg als Reaktion auf den wachsenden Rechtsradikalismus gegründet wurde. Durch die vernetzte Zusammenarbeit mit Schulen, durch Rockkonzerte, Sternmärsche und andere Aktionen will sie das Bewusstsein für Gewalt in unserer Gesellschaft schärfen.

Eine sechzehnjährige Schülerin organisiert ein Wohltätigkeitskonzert für die Armutskinder in Indien, andere unterrichten Senioren am Computer oder transportieren Hilfsgüter nach Weißrussland.[46]

Seit 1999 schreibt die „Stiftung Brandenburger Tor der Bankgesellschaft Berlin" jährlich einen bundesweiten Wettbewerb „Jugend übernimmt Verantwortung" aus. Mit steigender Zahl wurden bis Herbst 2004 über 1250 Projekte eingereicht und über 180 Preise und Förderungen vergeben.[47]

Die Auswahl an Beispielen vermittelt ein lebendigeres Bild von sozial engagierten Jugendlichen, als es statistische Erhebungen zeichnen. So bestätigen die großen Jugendstudien zwar die bekannte Tatsache, dass unter den Befragten die Sympathie mit informellen Gruppen wie Umweltverbänden, Menschenrechts- und Friedensgruppen, Dritte-Welt-Initiativen, mit der Anti-AKW-Bewegung oder bürgernahen Stadtteilprojekten weit höher ist als zu Parteien und Gewerkschaften. Der Umfang und die Art der Aktivitäten bleibt dabei jedoch weitgehend unerschlossen.

Der genauere Blick auf die Jugendinitiativen macht vor allem auf zwei neue Entwicklungen aufmerksam – auf die selbstständigen Formen jugendlichen Engagements und auf die wachsende Bereitschaft zu sozialen Aktionsbündnissen von Jugendlichen und Erwachsenen.

Die Motivation für selbstständige Projekte entsteht vor allem aus der erdrückenden Erfahrung einer Welt rücksichtsloser Gewalt und mitproduzierten Leidens. Aktivität ist für viele junge Menschen die einzige Möglichkeit, den Zirkel von Mit-Leid, Fassungslosigkeit und Resignation zu durchbrechen und das hilflos gemachte Ich gegen die endgültige Ohnmacht zu schützen. Dabei stellt die Kreativität, deren psychologische Funktion vielfach darin besteht, traumatische Erlebnisse abzumildern, eine hilfreiche Komponente für die aktive Bewältigung der Ohnmacht bereit. So sind der Phantasie beim Entwurf sinnvoll erscheinender Widerstandsformen und bei der Entfaltung eigener Fähigkeiten kaum Grenzen gesetzt. Auf diese Weise können auch die prosozialen Werte gerettet werden und zur Stabilisierung des inneren Gleichgewichts beitragen. Das Prinzip des selbstständigen Handelns folgt daher bei diesen Jugendlichen nicht nur dem modischen Trend individualistischer Lebensgestaltung, sondern dient, gerade auch in seiner Verbindung mit sozialer Verantwortungsbereitschaft, vordringlich dem Erhalt des eigenen Selbstwertes und der Identität.

Dieser psychodynamische Kampf um die Bewahrung der eigenen Persönlichkeit und Handlungsfreiheit angesichts einer überwältigend erscheinenden Bedrohung durch die Schrecken der Zeit dürfte der entscheidende Grund dafür sein, warum sich immer mehr Jugendliche von den etablierten Gruppen der sozialen Basisbewegungen abwenden. Am Beispiel des Schicksals von Bündnis 90/Die Grünen wurde bereits der Verrat an der Jugend dargestellt, der mit der

Anpassung der Partei an die politischen Machtstrukturen des Staates verbunden ist. Ein anderes Beispiel bietet Greenpeace. Nach einem stürmischen Zulauf von „Kids" und Jugendlichen in den späten 80er Jahren versäumte die Organisation die Förderung des Nachwuchses. Enttäuscht verließen immer mehr junge Mitglieder ihre Teams, weil ihr Engagement ohne Einfluss und ohne Anerkennung blieb.

Solche Erfahrungen erklären das Anwachsen von Jugendinitiativen, die in kleinen und überschaubaren Gruppen phantasievolle Projekte entwickeln und dabei das Gefühl haben, selbstverantwortlich zu handeln und kleine Veränderungen bewirken zu können. Ihnen sind alle großen Organisationen suspekt, weil sich in deren Anonymität das Erlebnis eigener Ohnmacht wiederholt. Was solche Initiativen jedoch elementar brauchen, sind Orte und Gelegenheiten, um ihre Kreativität und Handlungsbereitschaft auch umsetzen zu können. Und dabei brauchen sie oftmals Erwachsene, die sie darin unterstützen.

An dieser Nahtstelle entstehen die sozialen Aktionsbündnisse von Jugendlichen und Erwachsenen, die eine neue Entwicklung geteilter Verantwortung einleiten. Das Unterrichtsprojekt „Compassion" bietet dafür ein anschauliches Beispiel. Das größte Zukunftsprojekt für solche Aktionsbündnisse bildet die Umsetzung der 1992 auf der Weltumweltkonferenz in Rio verabschiedeten „Agenda 21", auf die bereits hingewiesen wurde. Damals erging an alle beteiligten Staaten die Aufforderung, das globale Programm für eine gerechtere Welt im 21. Jahrhundert in Politik, Wirtschaft, Umwelt und Kultur durch eine „lokale Agenda" zu konkretisieren, um die nationalen Erkenntnisse und Fortschritte für eine „nachhaltige Entwicklung" im Weltmaßstab nutzbar zu machen. Allen Beteiligten war damals klar, dass dieses ehrgeizige Projekt langfristige Strukturveränderungen in vielen Bereichen der Gesellschaft notwendig machen würde, die die Einbindung von Kindern und Jugendlichen als der künftig verantwortlichen Generation unabdingbar voraussetzt.

Wie auch immer man die Chancen der „Agenda 21" einschätzt, so ist unzweifelhaft, dass von dieser Idee fast revolutionäre Impulse ausgehen, die das Verhältnis der Generationen nachhaltig beeinflussen und die Entwicklung der Aktionsbündnisse vorangetrieben haben. Im Rahmen der komplexen Aufgabenstellung der „lokalen Agenda" entstand in den letzten Jahren in Kindergärten, Schulen, Jugendvereinen, kirchlichen Gruppen, Universitäten und Kunsthochschulen ein breites Spektrum an Arbeitsgruppen, Seminaren, Projekten, Aktionen und Zukunftswerkstätten, in denen Erwachsene, Kinder, Jugendliche und junge Erwachsene gemeinsam Einzelaspekte zu Fragen einer globalen Zukunftsgestaltung erarbeiten. Solche „Ideensteinbrüche" verbinden die Generationen zu engagierten Gemeinschaften, deren zündendes Engagement bis in das Alltagsbewusstsein jeder kleinen Gemeinde auszustrahlen beginnt.

An vielen Orten der Republik entstehen freiwillige Aktivitäten von Einzelpersonen oder kleinen Gruppen von Erwachsenen, von Müttern und Vätern, die außerhalb etablierter Institutionen junge Menschen um sich scharen, um durch unkonventionelle Unternehmungen deren Wirklichkeitssinn zu schärfen und ihnen Freude, Vertrauen in Erwachsene und Selbstvertrauen zu vermitteln. Sport- und Handwerksgruppen, Musik-, Literatur-, Theater- und Kunstgruppen, Abenteuerreisen, Museumsbesuche, Naturerfahrung und ökologische Aktionen, ob in der Tierhaltung, in der Bepflanzung von Mauern, Höfen und Gärten oder in der Anlage von Teichen und Biotopen – diese Lebendigkeit, dieser Gemeinsinn sind ansteckend.

Dahrendorf spricht von den „Ligaturen", die eine Bürgergesellschaft in gemeinsamen Wertüberzeugungen zusammenhalten müssten, damit sie nicht der Gefahr der Fragmentierung und Auflösung erliegt. Die Aktionsbündnisse von Erwachsenen und jungen Menschen schaffen solche Ligaturen, indem sie den neuen Generationenvertrag auf eine gleichermaßen lebenspraktische wie wertstabilisierende Basis stellen.

3. Das Projekt „Weltethos"

Global denken, lokal handeln. Die verbreitete Devise trifft besonders für junge Menschen zu, weil sie noch nicht an den Schalthebeln weltpolitischer Entscheidungen sitzen. Aber da der Werteverrat eine globale Dimension angenommen hat, die das Bewusstsein, die Realität und Zukunft jugendlicher Existenz unmittelbar berührt, soll der abschließende Blick auf die Lichtpunkte gerichtet sein, die trotz aller Verdüsterung rund um den Globus aufleuchten.

Die Situation der Kinder hat sich – trotz aller berechtigten Kritik – geringfügig verbessert. So reduzierte sich von 1990 bis 2000 die Sterblichkeit von Kindern unter fünf Jahren um drei Millionen (von vierzehn auf elf Millionen). Dieser Erfolg wurde durch weltweite Impfkampagnen und den verbesserten Zugang zu sauberem Trinkwasser und Sanitäranlagen erreicht. Außerdem konnte die Einschulungsrate, wenn auch nur leicht, gesteigert werden.[48]

Hilfsprogramme brauchen Zeit und einen langen Atem, um vor Ort umgesetzt zu werden.

Dies gilt auch für die „Agenda 21". Erst die nächsten Dekaden können daher die Aufrichtigkeit erweisen, mit der die Weltgemeinschaft die Lösung ihrer Probleme vorantreibt. Es gibt einen Anfang. Illusionäre Erwartungen waren dagegen realistischen Hoffnungen noch nie dienlich.

Lichtpunkte am Weltenhimmel sind auch die Organisationen außerhalb von Parteienlandschaft und politischen Institutionen, die unter der Bezeichnung „Nichtregierungsorganisationen (NGOs)" offiziell Eingang in die politische Kultur der internationalen Beziehungen gefunden haben. Sie konnten sich als Gegenkräfte in zahllosen Ländern der Welt in dem Maße etablieren und vernetzen, in dem die zerstörerischen Einflüsse der Globalisierung zugenommen haben. Das besondere Kennzeichen dieser inzwischen mehrere hundert zählenden Organisationen mit Tausenden meist jungen Mitarbeitern, ist ihre konkrete Arbeit in den Krisengebieten der Erde. Das unterscheidet sie von staatlicher Entwicklungshilfe, die im Wesentlichen in befriedeten Regionen zum Einsatz kommt. Die NGOs arbeiten in Flüchtlingslagern, leisten Flüchtlingshilfe, organisieren Gesundheitsdienste in Kriegsgebieten, entwickeln weltweite Kampagnen zur Ächtung der Landminen und stellen Geräte zu deren Räumung bereit, sie unterstützen Selbsthilfeprojekte zur Katastrophenbekämpfung und zur Rehabilitation Tausender von Kindersoldaten, sie arbeiten mit Friedensinitiativen in kriegsführenden Ländern zusammen und trainieren sie in Methoden ziviler Konfliktbearbeitung. Die Beispiele für ihre praktizierte humanitäre Hilfe ließen sich beliebig verlängern.

Durch ihren universellen Einsatz für die Einhaltung von Menschenrechten haben sie sich eine mächtige Stimme geschaffen, die auf der internationalen Bühne der Politik im Rahmen von Konferenzen und Projektplanungen immer stärker gehört wird. Mehrere Friedensnobelpreise belegen die Bedeutung der NGOs als Teil der Kräfte, die sich dem Ausufern ethnopolitischer Konflikte durch die Globalisierung entgegenstellen. Nach dem bekannten Epigramm von Erich Kästner: „Es gibt nichts Gutes, außer man tut es" verdeutlichen diese Organisationen – ebenso wie die beschriebenen Jugendinitiativen und aktiven Generationsbündnisse – vor allem eins: Ethische Wertnormen lassen sich nicht verordnen, weder durch Gesetze noch durch Deklarationen, auch wenn diese als Grundlage für moralische Einstellungsänderungen und neue Prinzipien des Verhaltens unentbehrlich sind. Aber die Substanz einer Wertnorm bewährt sich erst im praktischen Handeln. Von ihm allein geht der Vorbildcharakter aus, der die Wertkodierungen der nachwachsenden Generationen bestimmt.

An dieser Wahrheit muss sich auch das „Weltethos" messen lassen, ein Begriff, der spätestens seit 1993 die allgemeine Wertedebatte begleitet. Damals verabschiedete das Parlament der Weltreligionen, das aus Vertretern aller großen und zahlreicher kleiner Religionsgemeinschaften besteht, unter Beteiligung von 6500 Menschen in Chicago die „Weltethos-Erklärung". Sie formuliert eine zwischen allen Religionen konsensfähige Minimalforderung: „Es gibt ein Prinzip, die Goldene Regel, die seit Jahrtausenden in vielen religiösen und ethischen Traditionen der Menschheit zu finden ist und sich bewährt hat: Was du nicht willst, das man dir tut, das füg auch keinem anderen zu. Oder positiv: Was du willst, dass man dir tut, das tue auch den anderen! Dies sollte die unverrückbare, unbedingte Norm für alle Lebensbereiche sein, für Familie und Gemeinschaften, für Rassen, Nationen und Religionen."

Dieser zunächst recht allgemein und etwas banal anmutende Minimalkonsens wurde durch die Positivdeutung der allen Religionen gemeinsamen vier Grundüberzeugungen „nicht töten", „nicht stehlen", „nicht lügen" und „nicht Unzucht treiben" präzisiert und als „Weisungen" verstanden: 1. „Die Verpflichtung auf eine Kultur der Gewaltlosigkeit und der Ehrfurcht vor dem Leben"; 2. „Die Verpflichtung auf eine Kultur der Solidarität und eine gerechte Wirtschaftsordnung"; 3. „Die Verpflichtung auf eine Kultur der

Toleranz und ein Leben in Wahrhaftigkeit" und 4. „Die Verpflichtung auf eine Kultur der Gleichberechtigung und die Partnerschaft von Mann und Frau".[49]

Das Dokument von Chicago ist von der Sorge getragen, ein ausschließlich marktorientierter Globalisierungsprozess löse gewalttätige Gegenreaktionen besonders von fundamentalistisch-religiösen Bewegungen aus. Ziel des „Weltethos" ist daher ein verstärkter Dialog der Religionen und ihre gemeinsamen Bemühungen zu einer ethischen Erneuerung von Politik, Wirtschaft und Kultur innerhalb und zwischen den Völkern. Wie ein solcher Paradigmenwechsel konkret aussehen könnte, hat der Vordenker und federführende Initiator des Chicagoer Manifestes, der Tübinger Theologe Hans Küng, in seiner wegweisenden Studie „Weltethos für Weltpolitik und Weltwirtschaft" detailgenau beschrieben.[50] Vielleicht würde er den Satz von Marx unterstreichen: „Wo der Glaube an das Diesseits zerfällt, kriegt das Jenseits Konjunktur." Deswegen hat die „Weltethos-Erklärung" nicht den Charakter einer religiösen Bekehrung, sondern ist im Geist der Allgemeinen Menschenrechte verfasst. Die Religion spielt darin eine Mittlerrolle für eine neue Weltordnung, die ohne Weltethos nicht denkbar ist. Die von Küng und vielen anderen entworfene Vision setzt dem von Huntington befürchteten „Kampf der Kulturen" eine realistische Alternative in der „Kooperation der Kulturen" entgegen, wenn es gelingt, bei allen Verantwortlichen die notwendige Motivation für Veränderungen zu schaffen.

Viele Verfechter der Weltethos-Idee sehen in ihr eine Art „Marshallplan der Werte", der in seinen konkreten Zielsetzungen dem nahe kommt, was der amerikanische Politiker und Präsidentschaftskandidat Al Gore unter dem „Marshallplan für die Erde" oder der Physiker Carl Friedrich von Weizsäcker unter dem Begriff der „Weltinnenpolitik" verstehen.

Es fehlt also nicht an zukunftsweisenden Impulsen für die Gestaltung einer Weltgemeinschaft, in der die nachwachsenden Generationen auf ausreichend gerechte und menschenwürdige Lebensbedingungen treffen und das Überleben der menschlichen Art gesichert ist. Aber sind nicht alle diese großen Vorhaben Illusion? Haben nicht der 11. September 2001 und die unversöhnlichen Kriege in Afghanistan und im Nahen Osten wieder alle Hoffnungen auf einen Dialog der Religionen und Kulturen in den Flammen das Fanatismus verbrannt? Wie denkt die junge Generation darüber und welches Weltbild trägt sie mit in die Jahre ihres Erwachsenwerdens?

Die Ungewissheiten werden täglich größer, die Gewissheiten nehmen ab. Und doch ist der Gedanke des „Weltethos" im Rahmen der „metaphysischen Wende" des 21. Jahrhunderts zu einem tragenden Eckpfeiler der Zukunft geworden. Er steht nicht isoliert in einer unbebauten Landschaft, sondern ist eng verbunden mit den zahllosen internationalen Initiativen zu einer Weltordnungspolitik, einer Politik des Friedens, einer verteilungsgerechten Wirtschaftsordnung, einem interkulturellen Austausch und zur Erhaltung der ökologischen Lebensgrundlagen. Der Druck der Staatengemeinschaft auf die Einhaltung der Menschenrechte nimmt zu. Immer mehr nationale und internationale Konzerne schaffen lebensfreundliche Arbeitsbedingungen für ihre Belegschaften. In ungezählten Arbeitsgruppen haben die großen und kleinen Religionen einen kontinuierlichen Dialog begonnen, dessen ökumenischer Geist sich in den Gemeinden ausbreitet. Stiftungen von Unternehmen und Privatpersonen zur Förderung kultureller und sozialer Entwicklungen schießen wie Pilze aus dem Boden, als habe das „Prinzip Verantwortung" immer größere Menschengruppen erreicht. Die mächtigen Beben seit Beginn der 90er Jahre des vorigen Jahrhunderts, die die globalen Herausforderungen in allen Gesellschaftsbereichen ausgelöst haben, werden sich mit ihrer produktiven Unruhe ausdehnen.

Alles dies sind Hoffnungslichter, von denen eine starke Motivierungskraft ausgeht. Die Zukunft der jungen Generation, ob bei uns oder in allen anderen Teilen der Erde, muss nicht im Dunklen versinken, wenn die Kräfte nicht erlahmen, sondern sich aus der Befriedigung auch über den kleinsten Fortschritt immer wieder erneuern. Bescheidenheit, Gelassenheit und Dankbarkeit sind die zuverlässigsten Garanten für eine schrittweise Evolution des ungeheuren geistigen und seelischen Potentials an Menschlichkeit, über das wir als vernunftbegabte Wesen verfügen.

Anmerkungen

[1] Der Streit ist dokumentiert in ZEIT-Dokument 2 (1999)

[2] Zitiert aus Heiderich, R. u. a. 1999, S. 115.

[3] Jonas, H. 1979, S. 88ff.

[4] PISA – „Programme for International Student Assesment".

[5] Timms – „Third International Mathematics and Science Study".

[6] Vgl. Hoffman-Lange, 1995, Gille und Krüger, 2000, Deutsche Shell, 2000 und 2002.

[7] Im Januar 2003 erklärte die Jury der „Sprachkritischen Aktion Unwort des Jahres" den Begriff zum ersten Unwort des Jahres 2002: „Die Herabstufung menschlicher Schicksale auf ein sprachliches Börsenniveau war der schlimmste sprachliche Missgriff in diesem Jahr." Solche Missgriffe sind kein Zufall, sondern Ausdruck einer Geisteshaltung, in der die Werte durcheinandergeraten sind. Entsprechend findet der Begriff im administrativen und öffentlichen Sprachgebrauch auch weiterhin Verwendung.

[8] Jugendwerk der Deutschen Shell 2000, S. 95f und 155f.

[9] Zu den Studien und Materialien zum Themenkomplex „Zukunftshoffnungen und Zukunftsängste" sei für den interessierten Leser auf folgende Literatur hingewiesen: Allerbeck, K. u. a. 1985, Boehnke, K. u. a. 1988, Mansel, J. 1992, Petri, H. 1992, Greenpeace 1993, Leuzinger-Bohleber, M. u. a. 1993, Giebeler, K. u. a. 1996, Große-Oetringhaus, H. M. 1998, Sohr, S. 2000.

[10] Jugendwerk der Deutschen Shell 2000, S. 180

[11] Wickert, U., S. 19f.

[12] Petri, H., 1999/2002 (Drama der Vaterentbehrung), S. 66ff.

[13] Vgl. Ciepra, M., 1999.

14 Vgl. Bundesministerium für Gesundheit und Soziale Sicherung, 2005. Der „zweite Armuts- und Reichtumsbericht der Bundesregierung" stellt darin fest: „Allerdings sind die Privatvermögen in Deutschland sehr ungleichmäßig verteilt. Während die unteren 50% der Haushalte nur über etwas weniger als 4% des gesamten Nettovermögens verfügen, entfallen auf die vermögendsten 10% der Haushalte knapp 47%". (S. 19)

15 Literaturhinweis vgl. Anm. 9.

16 Grill, H., 1991.

17 Lanzl, S., Seiten unnummeriert.

18 Der Begriff „ökologisches Gewissen" wurde von dem Psychologen und Philosophen Sven Sohr in die ökologische Wertedebatte eingeführt (vgl. Sohr, S. 2000).

19 Der Fischer Weltalmanach 2005, S. 131.

20 Vgl. Lenk, W., 2000.

21 UNICEF 2005, S. 29 und 93.

22 Stiglitz, 2005, S. 145.

23 Deutsche Shell 2000, S. 329.

24 Vgl. Rommelspacher, B. 1995.

25 UNICEF 2005, S. 93.

26 UNICEF 2005, S. 94 und 97.

27 Sábato, E. 2001, S. 79.

28 UNICEF Nachrichten Nr. 3/2001 vom Sept., S. 4.

29 Lasch, Ch. 1979, S. 21.

30 Altmeyer, M. 2000, S. 163.

31 Dieser Mythos ist ausführlich in meinem Buch „Das Drama der Vaterentbehrung" (1999/2002) behandelt.

32 Lasch, Ch. 1979, S. 74.

33 Kernberg, O. F. 1975, S. 263.

34 Freud, S. 1921, S. 133f.

35 Boszormenyi-Nagy, I. u.a. 1981, S. 86f.

36 Boszormenyi-Nagy, I. u.a. 1981, S. 69f.

37 Vgl. Fromm, E. 1947.

38 Bundeskriminalamt 2004, S. 74–80.

39 Vgl. Boehnke u. a. 2002.

40 Eine rühmliche Ausnahme aus jüngster Zeit macht die psychoanalytisch-sozialpsychologisch angelegte Studie des österreichischen Psychoanalytikers Josef Aigner, der Jugendgewalt und Rechtsextremismus mit der fehlenden „Väterlichkeit" im familiären und gesellschaftlichen Kontext in Verbindung bringt. Aigner. J. 2001.

41 Wolf, Ch.: Störfall, S. 63.

42 Deswegen diagnostizierte bereits der „Fünfte Familienbericht" der Bundesregierung von 1995 eine „strukturelle Rücksichtslosigkeit der Gesellschaft gegenüber der Familie". Zitiert bei Rummel, C. 2002, S. 16.

43 Vgl. Rill, B. und Rummel, C. 2002.

44 Rummel, C. 2002, S. 25

45 Zum Begriff und Unterrichtsprojekt „Compassion" vgl. Metz, J. B. u. a. 2000 und Kuld, L. u. a. 2002.

46 Eine breite Darstellung solcher Initiativen findet sich bei Seyfahrt, K. 1998.

47 Vgl. Stiftung Brandenburger Tor, 2004.

48 Alle Angaben aus UNICEF 2005.

49 Vgl. Kuschel, K. J. 2000, S. 139f.

50 Küng, H., 1997.

Literatur

Aigner, J. F. (2001): Der ferne Vater. Gießen: Psychosozial Verlag.

Allerbeck, K., Hoag, W. (1985): Jugend ohne Zukunft. München: Piper.

Altmeyer, M. (2000). Narzissmus, Intersubjektivität und Anerkennung. Psyche 54, 143–171.

Becker, A. M. (1956): Zur Gliederung des Über-Ich. Über die Struktur der moralischen Wertinstanz. Psyche 10, 93–113.

Benjamin, J. (1988): Die Fesseln der Liebe. Frankfurt (M.): Fischer.

Boehnke, K., Macpherson, M., Meador, M., Petri, H. (1988): Leben unter atomarer Bedrohung – Zur Bedeutung existentieller Ängste im Jugendalter. Gruppendynamik 19, 429–452.

Boehnke, K., Fuß, D., Hagan, J. (2002): Jugendgewalt und Rechtsextremismus. Weinheim/München: Juventa.

Boszormenyi-Nagy, I., Spark, G. M. (1981): Unsichtbare Bindungen. Stuttgart: Klett-Cotta (engl. Originalausgabe (1973): Invisible Loyalties. New York: Harper & Row.

Bucher, A., Donnenberg, R., Seitz, R, (Hg.) (2000): Was kommt auf uns zu? Erziehen zwischen Sorge und Zuversicht. Wien öbv & hpt.

Bundeskriminalamt (Hg.) (2004): Polizeiliche Kriminalstatistik 2003. Wiesbaden.

Bundesministerium für Gesundheit und Soziale Sicherung (Hg.) (2005): Lebenslagen in Deutschland. Der zweite Armuts- und Reichtumsbericht der Bundesregierung. Bonn.

Bundesministerium für Familie, Senioren, Frauen und Jugend (Hg.) (1998): Zehnter Kinder- und Jugendbericht. Bonn.

Cierpa, M. (1999): Das geschiedene Familiengefühl in Scheidungsfamilien. In: Schlösser, A. M. (Hg.): Trennungen. Gießen: Psychosozial Verlag.

Dahrendorf, R. (2001): Recht und Ordnung. Frankfurter Allgemeine Zeitung Nr. 271 vom 21. Nov.

Deutsche Shell (Hg.) (2000): Jugend 2000. 13. Shell-Jugendstudie. 2 Bände, Opladen: Leske + Budrich.

Deutsche Shell (Hg.) (2002): Jugend 2002. 14. Shell-Jugendstudie. Frankfurt (M.): Fischer.

Deutsches Jugendinstitut *siehe* Gille, M., Krüger, W. (2000) und Hoffmann-Lange, U. (1995)

Egner, H. (Hg.) (2000): Neue Lust auf Werte. Herausforderung durch Globalisierung. Düsseldorf/Zürich: Patmos.

Elias, N. (1980): Über den Prozess der Zivilisation. Frankfurt (M.): Suhrkamp.

Erikson, E. H. (1966): Identität und Lebenszyklus. Frankfurt (M.): Suhrkamp.

Fischer Weltalmanach 2005 (2004): Zahlen, Daten, Fakten. Frankfurt (M.): Fischer.

Freud, S. (1914): Zur Einführung des Narzissmus. GW X, Frankfurt (M.): Fischer (1967).

Freud, S. (1921): Massenpsychologie und Ich-Analyse. GW XIII, Frankfurt (M.): Fischer (1963).

Fromm, E. (1947): Psychoanalyse und Ethik. Bausteine zu einer humanistischen Charakterologie. GA II, 1–157, Stuttgart: DVA.

Giebeler, K., Kreuzinger, St., Loewenfeld, M., Winterer-Scheid, E. (Hg.) (1996): Aufstand für eine lebenswerte Zukunft. München: Ökologie und Pädagogik.

Gille, M., Krüger, W. (Hg.) (2000): Unzufriedene Demokraten. Politische Orientierungen der 16- bis 29jährigen im vereinten Deutschland. Opladen: Leske + Budrich.

Gille, M. (2000): Werte, Rollenbilder und soziale Orientierung. In: Gille, M., Krüger, W. (2000), S. 143–203.

Gore, A. (1994): Wege zum Gleichgewicht. Ein Marshallplan für die Erde. Frankfurt (M.): Fischer.

Greenpeace (Hg.) (1993): Umweltängste Zukunftshoffnungen. Hamburg: AOL-Verlag.

Grill, H. (1991): Vorwort. In: Lanzl, S. (1991).

Große-Oetringhaus, H.-M. (Hg.) (1998): „Ich will endlich Frieden!" Kinder im Krieg. Münster: Westfälisches Dampfboot.

Heiderich, R., Rohr, G. (1999): Wertewandel. Aufbruch ins Chaos oder neue Wege? München: Olzog.

Hoffmann-Lange, U. (Hg.) (1995): Jugend und Demokratie in Deutschland. DJI-Jugendsurvey 1. Opladen: Leske + Budrich.

Houellebecq, M. (2001): Elementarteilchen. München: List.

Huntington, S. (1996): Der Kampf der Kulturen: Die Neugestaltung der Weltpolitik, München: Europa-Verlag.

Huxley, A. (1932): Schöne neue Welt. Frankfurt (M.): Fischer (1963).

Huxley, J. (1965): Ich sehe den neuen Menschen. Natur und neuer Humanismus. München: List.

Jonas, H. (1979): Das Prinzip Verantwortung. Versuch einer Ethik für die technologische Zivilisation. Frankfurt (M.): Suhrkamp.

Kernberg, O. F. (1975): Borderline-Störungen und pathologischer Narzissmus. Frankfurt (M.): Suhrkamp.

Kuld, L., Gönnheimer, St. (2002): Compassion – Sozialverpflichtetes Lernen und Handeln. Stuttgart: Kohlhammer.

Küng, H. (1997): Weltethos für Weltpolitik und Weltwirtschaft. München: Piper.

Kuschel, K.-J. (2000): Weltreligionen und Weltethos im Zeitalter der Globalisierung. In: Bucher, A. A. u. a., a. a. O. S. 131–149.

Lanzl, S. (1991): Das Andere Gedicht. Burglengenfeld: Lokal Verlag.

Lasch, Ch. (1979): Das Zeitalter des Narzissmus. München: Steinhausen.

Lenk, W. (2000): Im Unterholz des Kapitalismus. Der Soziologie-Kongress in Köln fahndet nach der „guten Gesellschaft". In: Der Tagesspiegel (Berlin) vom 4. Okt.

Leuzinger-Bohleber, M., Garlichs, A. (1993): Früherziehung West-Ost. Zukunftserwartungen, Autonomieentwicklung und Beziehungsfähigkeit von Kindern und Jugendlichen. Weinheim: Juventa.

Mansel, J. (Hg.) (1992): Reaktionen Jugendlicher auf gesellschaftliche Bedrohung. Weinheim: Juventa.

McLuhan, M., Fiore, Q. (1984): Das Medium ist Massage. Frankfurt (M.): Ullstein.

Metz, J. B., Kuld, L., Weisbrod, H. (Hg.) (2000): Compassion. Weltprogramm des Christentums. Soziale Verantwortung lernen. Freiburg: Herder.

Petri, H. (1991): Verlassen und verlassen werden. Stuttgart: Kreuz, 2005.

Petri, H. (1992): Umweltzerstörung und die seelische Entwicklung unserer Kinder. Stuttgart: Kreuz.

Petri, H. (1999): Das Drama der Vaterentbehrung. Freiburg: Herder, 2003.

Petri, H. (2004): Die junge Generation auf der Suche nach Orientierung und Identität. In: Schavan, A. (Hg.) (2004): a.a.O., S. 90–110.

Petri, H. (2005): Der Wert der Freundschaft. Stuttgart: Kreuz.

Postmann, N. (1982): Das Verschwinden der Kindheit. Frankfurt (M.): Fischer.

Rawls, J. (1979): Eine Theorie der Gerechtigkeit. Frankfurt (M.): Suhrkamp.

Rill, B., Rummel, C. (Hg.) (2002): Elternverantwortung und Generationenethik in der freiheitlichen Gesellschaft. München: Hans-Seidel-Stiftung.

Rommelspacher, B. (1995): Dominanzkultur. Texte zu Fremdheit und Macht. Berlin: Orlanda.

Rummel, C. (2002): Die Freiheit und die Notwendigkeit einer neuen Generationenethik. In: Rill, B., Rummel, C. (Hg.) a.a.O., S. 9–26.

Sábato, E. (2001): Die Werte zählen nicht mehr. In: UNICEF (Hg.): Zur Situation der Kinder in der Welt 2001. Frankfurt (M.): Fischer, S. 79–81.

Schavan, A. (Hg.) (2004): Bildung und Erziehung. Frankfurt (M.): Suhrkamp.

Sennett, R. (1998): Der flexible Mensch. Die Kultur des neuen Kapitalismus. Berlin: Siedler, 2000.

Seyfahrt, K. (2001): Mitmischen statt Rumhängen. München: Kösel.

Sohr, S. (2000): Ökologisches Gewissen. Die Zukunft der Erde aus der Perspektive von Kindern, Jugendlichen und anderen Experten. Baden-Baden: Nomos.

Stiftung Brandenburger Tor der Bankgesellschaft Berlin (Hg.) (2004): Jugend übernimmt Verantwortung. Wettbewerb 2002–2004. Berlin.

Stiglitz, J. (2005): Kinderarmut gehört der Vergangenheit an – wenn die Welt es will. In: UNICEF 2005, a.a.O., S. 144–146.

UNICEF (2001): Zur Situation der Kinder in der Welt 2001. Frankfurt (M.): Fischer.

UNICEF (2005): Zur Situation der Kinder in der Welt 2005. Frankfurt (M.): Fischer.

Weizsäcker, C. F. v. (1977): Der Garten des Menschlichen. Beiträge zur geschichtlichen Anthropologie. München: Hanser.

Wichterich, Ch. (2001): Zur Konstruktion von Werten und Identitäten im Zeitalter der Globalisierung – Einige Anmerkungen aus Frauensicht. In: Egner, H. (Hg.): a.a.O., S. 30–53.

Wickert, U. (1996): Der Ehrliche ist der Dumme. Über den Verlust der Werte. Hamburg: Hoffmann und Campe

Wolf, Ch. (1987): Störfall. Nachrichten eines Tages. Darmstadt: Luchterhand.

ZEIT-Dokument 2 (1999): Der Streit um den Menschen. Hamburg: Zeit Verlag.

Jugendliche verstehen

George H. Orvin
So richtig in der Pubertät
Was Eltern lassen sollten und was sie tun können
Band 4979

Dieses Buch hilft Eltern, ein gelassenes Gefühl dafür zu bekommen, wo sie Unterstützung geben und wo sie loslassen können.

Allan Guggenbühl
Pubertät – echt ätzend
Gelassen durch die schwierigen Jahre
Band 5482

Kein Grund zur Panik. Bis Jugendliche ihre neue Rolle als Erwachsene gefunden haben, darf es ruhig etwas drunter und drüber gehen. Orientierung für Eltern.

Marianne Arlt
Pubertät ist, wenn die Eltern schwierig werden
Tagebuch einer betroffenen Mutter
Band 5077

Marianne Arlt erzählt von heftigen Erfahrungen und wie man trotzdem ganz gut mit ihnen leben kann.

Karl-Heinz Rauscher
Jugendliche verstehen – Konflikte lösen
Pubertät im Lichte des Familienstellens
Band 5162

Die Pubertät erscheint mit dem Wissen aus dem Familien-Stellen nach Hellinger in neuem Licht: Das tiefere Verständnis mindert die Sorgen und neue Möglichkeiten werden sichtbar.

Elke Leger
Wie Kinder Werte lernen
Ein Buch für Eltern
Band 5347

Anregungen für eine Werte-Erziehung: Auch Kinder müssen Verantwortungsgefühl und soziale Kompetenz lernen, damit sie ihren Platz im Leben finden.

Brennpunkt Bildung

Annette Schavan
Welche Schule wollen wir?
PISA und die Konsequenzen
Band 5308

Was sollen unsere Kinder lernen? Annette Schavan tritt für eine Schule ein, die auf Leistung setzt und Freude am Lernen vermittelt.

Gertrud van den Berg
Lehrer
Was sie leisten. Was sie leiden. Was sie brauchen
Band 5622

Prügelknaben der Pisa-Misere? Leidtragende der nationalen Erziehungskatastrophe? Die Lehrer sind nicht so schlecht wie ihr Ruf.

Armin Himmelrath
Abschied vom Gymnasium?
Zur Zukunft unseres Schulsystems
Band 5636

Kommt jetzt die Schule für alle? PISA hat unser Schulsystem erschüttert, doch wie geht es weiter?

Burckhard Garbe
Goodbye Goethe
Sprachglossen zum Neudeutsch
Band 5611

Goethe war gestern. Heute geht's Neudeutsch, mit kreativer Syntax, Aküspra und Internationalismen. Gezielte Einwürfe zum aktuellen Wortgewimmel. Echt geil!

Margot Käßmann
Was können wir hoffen – was können wir tun?
Antworten und Orientierung
Band 5385

Die Autorin macht klar, Wille zur Versöhnung, Suche nach dem rechten Maß, richtiges Miteinander ist Grund zur Hoffnung.